不動産登記の困難要因と実務対応
―― 未登記不動産、所有者不明土地、相続人不存在・不明土地等 ――

編著　山田 猛司
（全国公共嘱託登記司法書士協会協議会 名誉会長）

新日本法規

は　し　が　き

　近年、所有者不明土地問題がクローズアップされ、令和3年の民法等の一部改正法では特定財産承継遺言による相続登記や、相続人に対する遺贈の登記や法定相続分で登記した後に遺産分割協議があった場合の相続登記手続について更正登記を権利取得者が単独で申請できることとされるなどの登記手続の簡素化が図られました。

　そして、本丸である相続登記の義務化については令和6年4月1日に施行され、住所・氏名変更登記の登記義務化が令和8年4月1日から施行されることとなりました。

　そのように最近の相続登記関連の手続変更についてはめまぐるしい改正がありましたが、難しいと言われる相続登記以外にもいろいろな困難登記の要因により所有権の登記等がされていない場合も多々あります。そういった困難登記事例が、公共事業や災害復興事業、取引の障害要因となっていることが窺えます。そして、それらの困難要因は相続登記の義務化がされたとしても完全には解消されません。

　そこで、官公署からの権利調査（所有者や相続人の調査等）を数多く受託している公共嘱託登記司法書士協会の関係者たちにより共同執筆という形で本書を書くこととなりました。発刊に至るまでに様々な法改正や先例変更等があり、執筆している最中にも内容を加筆・修正し、バージョンアップする部分もありましたが、無事完成することが出来ました。

本書が、空き家問題や所有者不明土地問題の解決等の一助となり、また権利調査の実務に携わる方達の参考となれば望外の喜びです。

　本書の刊行にあたっては、新日本法規出版株式会社の田代隆志氏に大変お世話になったことを記して、感謝の意を表します。

　令和7年1月

全国公共嘱託登記司法書士協会協議会

名誉会長　山 田 猛 司

編集者・執筆者一覧

＜編集者＞

山　田　猛　司（司法書士）
全国公共嘱託登記司法書士協会協議会　名誉会長

＜執筆者及び所属協会＞（五十音順）

大　﨑　宏　則（司法書士）
愛知県司法書士会

近　藤　　慎（司法書士）
公益社団法人　埼玉県公共嘱託登記司法書士協会

佐　瀬　比幸子（司法書士）
公益社団法人　埼玉県公共嘱託登記司法書士協会

寺　西　洋　子（司法書士）
一般社団法人　大阪公共嘱託登記司法書士協会

藤　井　浩　一（司法書士）
一般社団法人　神奈川県公共嘱託登記司法書士協会

松　田　健太郎（司法書士）
公益社団法人　千葉県公共嘱託登記司法書士協会

山　田　猛　司（司法書士）
公益社団法人　東京公共嘱託登記司法書士協会

略　語　表

＜法令等の表記＞

　根拠となる法令等の略記例及び略語は次のとおりです。〔　〕は本文中の略語を示します。

　不動産登記令第7条第1項第1号ロ＝不登令7①一ロ

　昭和63年7月1日法務省民三第3456号＝昭63・7・1民三3456

一般法人登則	一般社団法人等登記規則	所有者不明土地令	所有者不明土地の利用の円滑化等に関する特別措置法施行令
〔応急措置法〕	日本国憲法の施行に伴う民法の応急的措置に関する法律	所有者不明土地規〔所有者不明土地規則〕	所有者不明土地の利用の円滑化等に関する特別措置法施行規則
会社	会社法		
家事	家事事件手続法		
区分所有〔区分所有法〕	建物の区分所有等に関する法律	所有者不明土地登	表題部所有者不明土地の登記及び管理の適正化に関する法律
刑訴	刑事訴訟法	所有者不明土地登規	表題部所有者不明土地の登記及び管理の適正化に関する法律施行規則
個人情報〔個人情報保護法〕	個人情報の保護に関する法律		
		相税	相続税法
戸籍則	戸籍法施行規則	措法	租税特別措置法
裁所	裁判所法	地税令	地方税法施行令
自治	地方自治法	登税	登録免許税法
収用	土地収用法	非訟	非訟事件手続法
商登則	商業登記規則	不登	不動産登記法
所有者不明土地〔所有者不明土地法〕	所有者不明土地の利用の円滑化等に関する特別措置法	不登令	不動産登記令
		不登規	不動産登記規則
		弁護士	弁護士法

民	民法	民保規	民事保全規則
民執	民事執行法	記録例	不動産登記記録例（平 28・6・8民二386）
民執規	民事執行規則		
民訴	民事訴訟法	相基通	相続税法基本通達
民訴費	民事訴訟費用等に関する法律	不登準則	不動産登記事務取扱手続準則
民保	民事保全法		

＜判例の表記＞

　根拠となる判例の略記例及び出典の略称は次のとおりです。

　最高裁判所平成6年1月25日判決、最高裁判所民事判例集48巻1号18頁＝最判平6・1・25民集48・1・18

判時	判例時報	民集	最高裁判所（大審院）民事判例集
判タ	判例タイムズ		
家月	家庭裁判月報		

目　次

ページ

概　説 ……………………………………………………………… 3

Q＆A編

第1章　未登記不動産への対処

〔1〕　未登記の建物に所有権の保存の仮登記をすることはで
　　　きるか？ ……………………………………………………… 21

〔2〕　未登記の建物についての差押えの登記の嘱託とはどの
　　　ようなものか？ ……………………………………………… 29

〔3〕　数代にわたって相続登記がされていなかった不動産を
　　　登記する際の留意点は？ …………………………………… 33

〔4〕　相続した不動産が未登記だったときの登記手続と問題
　　　点は？ ………………………………………………………… 40

第2章　所有者不明土地への対処

〔5〕　所有者不明土地の所有者を探索するための「政令で定
　　　める方法」とは？ …………………………………………… 44

〔6〕　所有者特定書の記録事項、保存方法は？ ……………… 50

〔7〕　所有者不明土地の所有権、使用権を取得する方法は？ …… 56

〔8〕　所有者を調査する方法は？ ……………………………… 62

第3章　相続人不存在・不明土地への対処

〔9〕　相続人不存在の場合における特別縁故者への財産分与
の登記申請手続は？……………………………………68

〔10〕　共有名義人が死亡し、法定相続人がいない場合の共有
持分の取扱いは？………………………………………73

〔11〕　相続財産法人へ名義変更する際の手続は？……………77

〔12〕　相続人不存在の土地を差し押さえる前提として相続財
産法人名義への登記を代位申請できるか？………………81

第4章　その他

〔13〕　共有状態にある土地の地積更正・分筆を、共有者の一
人の申請で行えるか？……………………………………84

〔14〕　共有物の変更・管理について決定する裁判手続はどの
ように行うのか？………………………………………90

〔15〕　相続人が戦前に失踪している場合は？……………………99

〔16〕　外国人が日本の不動産を取得することに法律上の制限
はあるか？……………………………………………104

〔17〕　登記に必要な書類を取得することができない場合は？……107

〔18〕　本人確認情報に住民票、印鑑証明書を使用する場合
は？…………………………………………………114

目　次　3

ケース編

第1章　所有権の移転に関する登記

Case 1　時効により取得した所有権の相続登記をしたいが、
　　　　登記名義人及び時効完成時点の占有者も既に死亡し
　　　　ている場合……………………………………………… 125

Case 2　相続人が不存在の共有者の持分を他の共有者へ移
　　　　転させる場合…………………………………………… 135

Case 3　解散した法人が登記名義人である土地の所有権を
　　　　移転する場合…………………………………………… 142

Case 4　遺言書作成後に一部の相続人が所在不明である
　　　　場合……………………………………………………… 148

第2章　抵当権・根抵当権の設定に関する登記

Case 5　抵当権の設定契約はしたが抵当権設定登記が未了
　　　　な場合において、抵当権設定者が死亡してから抵当
　　　　権を設定する場合……………………………………… 158

Case 6　外国法人が国内の未登記不動産に抵当権を設定す
　　　　る場合…………………………………………………… 163

第3章　変更・抹消・更正に関する登記

Case 7　所有権登記がなされている建物と未登記建物を合
　　　　体させる場合…………………………………………… 169

4 目 次

Case 8 権利者又は義務者が所在不明になった土地の抵当
権を抹消する場合……………………………………176

Case 9 所有権の登記名義が相続財産法人とされた後に相
続人の存在が明らかとなり、登記手続をやり直す
場合……………………………………………………186

Case10 地目が非農地である土地に設定されている、農地
法上の許可取得が条件となっている所有権移転仮登
記を処理する場合……………………………………193

第4章 仮差押え・仮処分に関する登記

Case11 未登記不動産に対する仮差押命令手続を行う場合………202

Case12 未登記不動産に対する仮処分命令手続を行う場合………213

第5章 その他

Case13 登記簿と現在の住所がつながらない場合の住所変
更登記を代位で嘱託する場合…………………………225

概　　説

2

概　　説

　不動産登記の困難要因としては様々な問題が考えられますが、大きく分類すると以下のように分けることができます。

① 　未登記不動産に関する登記手続上の問題

② 　所有者不明不動産に関する実体法上の問題

③ 　相続人不存在の場合の問題

④ 　共有不動産に関する問題

⑤ 　渉外的要素を有するもの

　以上の困難要素を本書前半ではＱ＆Ａ形式で解説し、本書後半では所有権、抵当権等のような権利の種類や、変更・更正・抹消登記、さらには仮差押え等のような登記の種類ごとの困難要因について、ケース別に問題点とそれに対するポイントを示して解説をしました。

〔Ｑ＆Ａ編〕

1　未登記不動産に関する登記手続上の問題

　未登記不動産に所有権保存の仮登記をすることはできるかという点に対し、所有権保存の仮登記の可否について述べ、表題登記がされている建物についての所有権の保存の可否について検討しました。

　そもそも仮登記というのは本登記をする際の順位を保全するための登記であり、保全する必要のないものについては仮登記は認められていません（〔1〕参照）。

　表示登記については対抗要件の登記とはされていませんので、仮登記の必要性は全くありませんが、権利の登記については、対抗要件たる登記となりますので、対抗要件としての順位を保全する必要があります。しかし、2号仮登記である所有権保存登記請求権仮登記については、登録免許税法には規定があるものの、実際には登記の申請をすることはできません。

未登記の建物について差押えをしようとする場合は、その目的たる不動産が登記されていませんので、登記をすることができるかどうかという点から問題となりますが、債務者が差押えの目的不動産を登記していなければ差押えができないということでは困りますから、不動産登記法はその点を考慮し、規定を付けています。

未登記の不動産や表題登記のみの不動産について差押えをすることはできますが、その際には、登記官が職権で表題登記や所有権保存登記をすることとされています。ただ、そういった際には、表題登記の参考資料を差押債権者が用意しなければならないので、現実問題としては差押えを受ける債務者が物件調査に協力してくれるかという問題もあり、その辺が実際は難しいところです。登記官は表題登記を職権ですることができるという規定があっても、登記官は積極的に表題登記をすることはありませんので、その辺が困難要因とされるところです（〔2〕参照）。

相続不動産が数代にわたって未登記だった場合には、登記申請に必要な書類が見当たらない場合もあり、また数次相続が発生していると相続人は多数に上るので、相続人調査や物権変動の過程を調査する必要が大変な作業となります。

相続した不動産が未登記だったときは、誰が所有者かというところから調査をしなければならず、通常のように登記簿から調査できないので、固定資産税の納税義務者を調査したり、現地に赴き、近隣居住者からの聞き取り調査をするなどして所有者を特定しなければなりません。

所有者が特定できた後には、登記を申請することになりますが、登記の申請方法として表題登記がされていない場合には、冒頭省略登記というものが認められています。つまり、A→B→C→Dと所有権が移転していたとしても最終の所有者Dを表題部所有者として登記申請をすればよいこととなります。最終の所有者Dが、表題登記の後、自

概　　説　　　5

己を登記名義人とする所有権保存登記を申請すれば足りますので、問題は表題登記をどうするかという点になりますが、実際には、表題部所有者を特定することが困難登記の要因となります（〔3〕・〔4〕参照）。

2　所有者不明不動産に関する実体法上の問題

　所有者不明土地法が平成30年11月15日に施行されましたが、当該法律で規定しているところの、所有者不明土地の所有者を探索するための「政令で定める方法」はどのようなものかについて、同法施行令で規定している5つの場合について解説しました（〔5〕参照）。

　また、不動産登記簿の表題部所有者欄の氏名及び住所の全部又は一部が正常に登記されていない「表題部所有者不明土地」について、その登記及び管理の適正化を図るため、令和元年5月24日に表題部所有者不明土地の登記及び管理の適正化に関する法律が公布され、登記官に所有者の探索に必要な調査権限が与えられ、所有者等探索委員制度が創設されました。その調査の結果を記載した所有者特定書の記録事項やその保存方法についても解説しました（〔6〕参照）。

　所有者不明土地法には、知事の裁定で所有権を取得する制度や最長10年間の使用権を設定する制度が定められていますので、それらの制度についても解説しました（〔7〕参照）。

　そして、所有者不明土地の所有者を調査する方法はどのような方法があるかという点に関しては「所有者の所在の把握が難しい土地に関する探索・利活用のためのガイドライン～所有者不明土地探索・利活用ガイドライン～（第3版再補訂）」（令和6年10月国土交通省）を基に、

①　登記情報の取得
②　住民票の写し等の取得
③　戸籍の取得

④　聞き取り調査
⑤　居住確認調査
⑥　その他の方法
について解説しました（〔8〕参照）。

3　相続人不存在の場合の問題

　相続人の探索からして困難な問題が生じますが、相続人が不存在の場合には相続債権者や相続人の探索をしたのちに相続財産法人に対し特別縁故者が3か月以内に財産分与請求をすることができることとなっています。その手続に関しては令和3年の民法改正（平成5年4月1日施行）により相続財産管理人の名称が相続財産清算人と変更となり、また、公告期間についても10か月から6か月に短縮され、特別縁故者の財産分与請求に関する条文そのものも変わりましたので、相続財産法人へ名義変更する際の手続や（〔11〕参照）、特別縁故者への財産分与の登記手続（〔9〕参照）に関して解説しました。

　また、共有者が死亡した場合において相続人がいない場合には、他の共有者に共有持分は帰属することとされていますが、上記のとおり特別縁故者も財産分与請求をすることができることとされており、他の共有者と財産分与請求者のどちらが優先するかについて最高裁は特別縁故者優先説をとりましたので、その関係について解説しました（〔10〕参照）。

　相続財産法人名義への登記申請は通常相続財産清算人が申請しますが、相続財産清算人が申請しない場合は、債権者は死者名義の不動産について差押えをすることはできません。したがって、債権者が相続財産法人名義への登記を債務者に代わって代位申請することができますので、その手続に関して解説しました（〔12〕参照）。

4 共有不動産に関する問題

　共有不動産に関しては昔からいろいろな問題がありますが、困難な問題としては、表示登記に関して共有状態にある土地の地積更正・分筆登記を一部の当事者の申請で行えるか（〔13〕参照）という点が問題となっており、従前は共有者全員の同意が必要でしたが、令和3年の改正民法で、共有物の変更について、一般の共有物変更と軽微な変更に区分し、「軽微な変更」であれば共有物の管理と同様、過半数の同意で変更することができることとされました。

　そこで、共有地の地積更正については保存行為として単独で登記申請することが認められていましたが、今まで共有者全員で登記申請をしなければならないとされていた共有土地の分合筆の登記に関しても上記のとおり、各共有者の持分の価格に従い、その過半数の者が登記申請をすれば登記は受理されることとなりました。

　また、改正民法は、共有物の変更・管理について決定する裁判手続に関しても、今までは共有者が所在不明の場合には、不在者の財産管理制度を利用するしかなかったのですが、所在等不明共有者に関して裁判所が許可をする制度が設けられましたのでその点に関しても解説を試みました（〔14〕参照）。

5 渉外的要素を有するもの

　外国人が日本の不動産を取得することについて法的な規制があるかという点に関して、法律の解説や事実上の運用についても解説を試みました（〔16〕参照）。

6 その他の困難要因

　相続人が戦前に失踪している場合には失踪宣告の申立てをすることができますが、当時の失踪宣告は今と同様かどうかという問題があり

ます（〔15〕参照）。また、珍しい失踪宣告制度には戦時失踪宣告というものもあります。

登記手続に関して基本的な困難要因として、登記に必要な書類を取得できない場合がありますが、そのような場合にはどのような方策があるかという点を検討しました（〔17〕参照）。

また、本人確認情報に印鑑証明書、住民票を使用することができるかという点についても検討しました（〔18〕参照）。

〔ケース編〕

ケース編については、所有権、抵当権等のような権利の種類や、変更・更正・抹消登記、さらには仮差押え等のような登記の種類ごとの困難要因について、ケース別に問題点とそれに対するポイント及び解説をしましたが、その概要は以下のとおりです。

1 所有権の移転に関する登記

所有権に関して時効取得という制度がありますが、時効取得を原因とする所有権移転登記手続に関して、登記名義人及び時効を完成させた占有者も既に死亡している場合は、時効の援用を誰が誰に対して行い、またその登記手続は誰がするかという点に関して、被相続人の時効援用権を行使するのか、相続人のみの時効援用権を行使するのかについても違いがあり、また、時効援用の意思表示について相手方が死亡しているときにどのような方法により意思表示をするかという点が問題となりますので、その点に関して検討しました（Case 1 参照）。

困難事例の一つに許認可事項があり、その代表例として農地法による許可があります。農地法3条から5条がその代表例ですが、3条が所有権の移転や地上権の設定等に関する許可条項であり、4条は農地を農地以外とする地目変更に関する許可条項であり、5条は所有権移

転及び地目変更を合わせた農地転用に関する制限とされています（農地法3条及び4条を併せ持った性格）。

　農地が農地として利用されていない場合の遊休農地については、雑木や雑草が繁殖し、病害虫や鳥獣の発生の要因ともなるので、農地法は上記のような権利制限の他に、遊休農地に関する措置についても規定しています。

　既に遊休化している農地については、所有者に対して利用意向の調査をします。

　遊休農地については農地をそのまま農地として利用する方法と農地以外に転用して活用方法があります。

　農地として利用する場合には農業従事者に対してその利用を促し、農業従事者が農地の利用を放棄している場合には、農業を営む人に「eMAFF農地ナビ」（農地台帳及び農地に関する地図の情報を一般公開しているウェブサイト）を利用して、近くの遊休農地を探してもらったり、耕作を放棄している人に斡旋するなどして、その有効利用を促進する必要があります。

　新たに農業を営む人を選定できない場合等には農地中間管理機構に貸し出すことも可能とされています。

　それに対して農地以外に転用して活用する場合には、本人が農地以外として利用する場合には農地法4条の許可が、第三者に譲渡して農地以外として使用する場合には農地法5条の許可が必要となります。

　共有土地の共有持分を持っている者が所在不明になった場合について、その持分を他の共有者が取得を希望する場合にはどのような方法が考えられるかということが問題となります。一般的には、不在者財産管理人を選任し、家庭裁判所の権限外行為の許可を得て、不在者財産管理人から所有権移転登記をするということになりますが、不在者の財産が多数に上る場合には不在者財産管理人については全ての不在

者の財産を管理することとなりますので、当該の土地についてのみ不在者の財産取得の対策をしたいという場合には、煩瑣である場合があります。そこで、令和3年に民法改正により令和5年4月1日から所有者不明土地や所有者不明建物の管理に関する制度が認められました。

　所有者不明土地管理制度については、所有者不明土地管理人を選任し（持分に関する場合には、当該持分の管理人）、家庭裁判所の許可を得た上で、所有者不明土地管理人と売買契約をすることとなります。当該共有地を第三者に売却する場合には、そのような方法を取ることは迂遠に帰するので、所在不明者以外の全員の第三者への売却を条件として、所在不明者の持分に対しても売買を認めるために許可制度を利用することもできます。相続人が不存在の場合の共有者の持分の移転についてはCase 2を参照してください。

　買いたい土地の登記名義人が解散した法人の場合には、当該法人の実態を調査する必要があります。

　通常は、解散した法人の解散登記は、清算人が行いますので、解散登記と清算人就任の登記は同時にされている場合が多いのですが、長期間登記をしていない（通常は最後の登記から13年以上経過している場合）ことにより、法務局が、当該法人について職権で解散の登記をすることがあります。その場合には、清算人に関する登記を法務局が職権ですることはありませんので、誰が清算人であるかが不明となります。

　一般的には清算人の登記がなくても解散当時の取締役や代表取締役が、清算人や代表清算人となります（法定清算人）が、職権解散の登記から相当年数を経過している場合には、当時の役員も死亡している場合があります。そういった場合には、清算人の選任を裁判所に申し立てることにより、当該清算人と売買契約をすることが可能となります。

概　　説　　11

　しかし、解散した法人は清算結了し、登記簿自体も閉鎖している場合があります。その場合には、当該法人の財産が残っているということで、清算結了は誤った登記となりますから、清算結了登記を抹消し、法人の登記を復活させなければなりません。法人を復活させた場合には、当時の清算人の登記についても復活しますが、清算人が死亡している場合もありますのでその場合には、改めて清算人の選任の申立てを裁判所にする必要があります。このように、解散している法人については、その時期や態様により、いろいろと判断基準も変わりますので、それらのことを解説しています（Case 3 参照）。

　遺産分割協議書を作成した場合には、各相続人には実印を押印の上、各自印鑑証明書を添付してもらいますが、署名押印をする前に相続人の一部が行方不明となってしまった場合にはどうするかという点が問題となります。本人が記名押印の上、印鑑証明書を提出の後、行方不明になった場合には、そのまま登記原因証明情報として使用することは可能ですので登記申請をすることができますが、本人が行方不明の場合には、他の共同相続人全員が当該事情を記載した上申書を提出して登記をすることとなります。なお、遺言がある場合は遺言執行者が登記申請をします（Case 4 参照）。

2　抵当権・根抵当権の設定に関する登記

　抵当権の設定契約はしたが抵当権設定登記が未了な場合において、相手方が死亡してしまった場合には、どのように抵当権設定の登記をするかということが問題となります。

　抵当権設定登記の書類は全て完備した上で、抵当権設定者が代理人を選任の上死亡した場合には当該代理権は消滅しない取扱いなので、そのまま登記申請をすることが可能な場合もありますが、所有者が抵当権設定者の場合には、登記申請までに発行後3か月以内の印鑑証明書の添付が必要となるので、登記申請をすることが可能な時間は限ら

れています。もし、印鑑証明書が発行から3か月を経過してしまった場合には、相続人全員から印鑑証明書を提出してもらわなければならないので、登記申請も、相続人全員から申請することとなります。反対に、登記権利者が死亡してしまった場合には、3か月以内の印鑑証明書を添付する必要はありませんので、そのまま登記申請をすることが可能となります。このように、死亡したのが登記権利者か登記義務者かという違いにより、添付書類にも違いが生じ登記手続も変わってくることとなります（Case 5 参照）。

外国法人が国内の未登記不動産に抵当権を設定する場合については、日本の会社が抵当権を設定する場合と違いがあります。

法人については、その行為能力の範囲が各国の法律によって定められていますので当該法人の行為能力について調査する必要があります。また、日本において継続的に取引をしようとする外国会社については、日本において外国会社の登記をする必要がありますので、外国会社の日本における営業所設置の登記等を調査する必要もあります。そして、当該法人の代表者と契約をすることとなりますが、抵当権設定登記をしようとする不動産が未登記の場合には、まず表題登記を申請し、所有権保存登記と抵当権設定登記を表題登記完了後に申請をするというのが一般的な登記手続の流れです（表題登記と所有権保存登記を連件で申請した場合には、表題登記が申請日に完了しなければ、保存登記は却下されてしまいます。）。

なお、所有権保存登記と抵当権設定登記を連件で申請する場合には、所有権保存登記の登記識別情報が通知されていなくても、登記識別情報を提供したものとみなされますので（不登規67）、抵当権者からすると、第三者の差押えが間に入らないという点も含めて連件申請をするのが一般的です（Case 6 参照）。

3 変更・抹消・更正に関する登記

　主従の関係にない数個の建物が増築等の工事により構造上1個の建物となることを「建物の合体」といいますが、所有権及び抵当権設定の登記がされている建物と、未登記の建物について、建物を合体した場合にはどのような効果が発生するかという問題があります。

　合体前の建物について抵当権が設定されていた場合には、当該抵当権の効力が消滅することは妥当ではありませんので、合体前の建物に設定されている抵当権は、合体後の建物の持分の上に効力を有するということになりますが、建物の合体については、未登記建物と表題登記のみがある建物や、表題登記のみの建物同士が合体する場合等、いろいろなパターンが考えられますので、それらについて登記の申請情報や添付書類等について解説しています（Case 7参照）。

　土地に抵当権が設定されている場合に抵当権設定登記を抹消登記申請する際に、抵当権者や抵当権設定者が所在不明になった場合にはどのような方法により抵当権を抹消することができるかということが問題となりますが、この点については従来の抵当権抹消の方法に加えて令和3年に新たな抵当権の抹消登記の方法が立法化されました。抵当権設定者が所在不明の場合には、共有の場合は共有者の一部の者から保存行為として抹消登記申請ができますが、単独所有の場合は所在不明者について不在者の財産管理人を選任し当該不在者財産管理人から抵当権抹消登記を申請すれば足りますのであまり問題とはなりません。実際に問題となるのは抵当権者が所在不明の場合です。

　抵当権者の所在が不明な場合には個人の所在が不明な場合か、法人の所在が不明な場合かという違いがあります。また、法人の所在が不明の場合には代表者の所在が不明の場合等もあり、また、抵当権そのものが消滅している場合の相続している抵当権を解除して抹消しよう

とする場合もありますので、それぞれについて判断することになります。

　一般的な抵当権者の所在が不明な場合に、抹消登記手続に関する規定としては、不動産登記法70条に規定があり、不動産登記法70条1項から3項で、公示催告の申立てをして除権決定を得ることにより、登記権利者が単独で抹消登記を申請することが可能とされているものであり、不動産登記法70条4項については前段と後段に分かれており、前段は債権証書及び弁済証書がある場合に、登記権利者による単独抹消に関する規定ですが、実際にはあまり利用されておらず、後段に規定されているいわゆる休眠担保権による抹消登記が多く利用されているのが現状です。休眠担保権は普通抵当権に関するものの他、根抵当権に関するものもありますが、根抵当権については付従性が否定されていますので、確定根抵当権を対象とするものです。

　令和3年の不動産登記法改正によって70条の2が追加され、抵当権者が解散した法人で解散から30年を経過し、弁済期から30年を経過している場合に、法人の代表者の所在が知れない場合には、供託をしなくても、法務省令で定める相当の調査を行ったと認められる場合には、登記権利者が単独で抵当権を抹消することができることとされました。これは、法70条4項の休眠担保権の抹消登記においては弁済供託をすることが要件とされているのに対し、弁済供託をしなくても単独で抹消することができるという点と法務省令で定める簡易な調査により単独で抹消することができるという点において休眠担保権よりも簡易な抹消手続といえます（Case 8 参照）。

　所有権登記名義人が死亡してその相続人がいない場合には相続財産は法人とみなされます。民法で擬制されるのは法人の成立までなので、相続財産法人について管理や清算をする人を裁判所に選任しても

らう必要があります。これが相続財産清算人の選任申立てに関することですが、相続財産清算人について、その選任後に相続人が発見された場合には相続財産清算人は解任されることとなります。その場合の登記手続はどうなるかという点について検討しました（Case 9 参照）。

　農地法上の許可が条件となっている所有権移転仮登記がある場合に、当該地目が非農地となった場合の効果については、一般的に条件付き法律行為が無条件となった場合ということで解釈されますが、地目変更の時期によっては条件付き契約自体が当初から無条件であったり、又は条件付き所有権移転仮登記を本登記することができる場合もあります。そこで、農地法上の条件と仮登記の関係について解説しました（Case10参照）。

4　仮差押え・仮処分に関する登記

　未登記不動産であっても仮差押えや仮処分をすることができなければ債権者の権利を保全することができませんので、未登記不動産に対する仮差押命令手続について解説し（Case11参照）、未登記不動産に対する処分禁止の仮処分について解説しました（Case12参照）。その場合の登記手続は未登記不動産に対して仮差押えや仮処分の登記をすることはできませんので、登記官は職権により表題登記及び所有権保存登記をした上で、仮差押えや仮処分の登記をすることとされています。

　手続的には上記のような規定があるので、仮差押えや仮処分の要件を満たしていれば簡単に登記をすることができるように考えがちですが、実際には表題登記をする際の資料を集めることがネックとなります。債務者の協力が得られれば、そのような種類の収集ができるでし

ょうが、債務者の協力が得られない仮差押えや仮処分については、第三者からの情報提供をしてもらう必要がありますので、その点は実際には問題となります。

5　その他

　司法書士業界の中では「たかが名変、されど名変」という言葉があります。

　登記名義人の表示が現状と一致していない場合には、当該登記名義人の起点とする登記は受け付けられないのが原則です。したがって、登記名義人の住所氏名を現在の住所氏名に一致させる必要があります。それは、基本中の基本ですが、それがなかなか難しいという現状を表しているのが、上記の「たかが名変、されど名変」という言葉です。

　氏名変更についてはあまり問題となることはありませんが、住所の変更については、一番単純なものは本人が引っ越しした場合の住所移転ですが、そのほかにも町名地番変更があったり住居表示実施があったり、又は行政区画の変更等があります。

　その他にも国の行政機関については、その組織替えや独立行政法人化等様々な変更原因が考えられます。

　登記名義人本人が登記申請をするのであれば、それらの事情について熟知していますし、それらの証明書類についてもすぐに入手することが可能となるはずですが、本人が住所変更登記を申請してくれない場合には、第三者が債権者代位により債務者の住所変更登記を申請することになります。そこで、変更登記の原因やそれらの変更証明書についてどのように調査取得するかという点が問題となりますので、この点について解説しました（Case13参照）。

○近年の法改正

　最近は所有者不明土地問題がクローズアップされ、以下のように様々な法改正が行われました。その内容は多岐にわたりますが、大きな法律改正では「所有者不明土地の利用の円滑化等に関する特別措置法」、「表題部所有者不明土地の登記及び管理の適正化に関する法律」、「令和元年民法（相続法）改正」、「令和3年民法・不動産登記法改正」があります。

　それらの影響を受け登記の困難事例もいろいろ変化がありましたので、本書はそれらの中から事例ごとに必要な情報を盛り込んだ内容となっています。

　参考までに近年の主だった法改正を一覧にしてみると以下のとおりです。

① 平成28年3月11日法務省民二第219号民事局長通達（除籍簿滅失等上申書不要通達）

② 平成29年5月29日法定相続情報証明制度開始

③ 平成30年11月15日所有者不明土地の利用の円滑化等に関する特別措置法施行

④ 平成31年1月13日民法改正（遺言書の目録別紙方式）施行

⑤ 令和元年6月20日住民票の除票や戸籍の除附票の保存期間が5年から150年に延長

⑥ 令和元年7月1日民法改正（相続登記対抗要件化、特別の寄与、遺言執行者の権限強化、預金仮払い制度、特定財産承継遺言等）施行

⑦ 令和元年11月22日表題部所有者不明土地の登記及び管理の適正化に関する法律施行

⑧ 令和2年4月1日民法改正（債権法の改正及び相続法の改正による配偶者居住権）施行

⑨ 令和2年7月10日法務局における遺言書の保管等に関する法律施

行

⑩　令和4年4月1日民法改正（成年年齢を18歳に引き下げるとともに女性の婚姻適齢を18歳に引き上げ、未成年者婚姻に関する親権者の同意及び成年擬制の規定を削除）施行

⑪　令和5年4月1日民法・不動産登記法等の一部改正法施行
　・所有者不明土地・建物管理命令、管理不全土地・建物管理命令
　・共有に関する軽微変更、相続財産清算人制度の改正
　・相続人に対する遺贈・法定相続登記後の手続の簡略化
　・形骸化した権利の簡易抹消制度の創設

⑫　令和5年4月27日相続等により取得した土地所有権の国庫への帰属に関する法律施行

⑬　令和6年4月1日改正不動産登記法（相続登記義務化、相続人申告登記制度の新設、会社法人等番号・国内連絡先の登記事項化、ローマ字氏名の併記、旧氏の併記、ＤＶ関係の登記事項証明書等における代替措置）施行

⑭　令和8年2月2日改正不動産登記法（所有不動産記録証明制度）施行

⑮　令和8年4月1日改正不動産登記法施行
　・住所変更登記等の申請の義務化
　・住所変更登記等や死亡の旨の符号の職権による登記開始

Ｑ＆Ａ編

20

Q＆A編　第1章　未登記不動産への対処　　21

第1章　未登記不動産への対処

〔1〕　未登記の建物に所有権の保存の仮登記をすることはできるか？

Q　　私が所有している一戸建ての建物がありますが、建物は未登記で表題登記はされていません。この場合に私を所有者とする所有権の保存の仮登記をすることはできるでしょうか。

A　　表題登記がされていない未登記の一戸建ての建物については、所有者名義に表題登記をして、所有権の保存の登記をすることができることから、所有権の保存の仮登記は受理されないと思われます。

解　説

1　所有権の保存の仮登記の可否

　所有権の保存の仮登記に関しては、肯定する説と肯定しない説に分かれています。肯定する説もどのような場合に認められるかについては、近時の先例、通達がないため、確定的に定められていないといえます。

　不動産登記法は105条で仮登記について、「仮登記は、次に掲げる場合にすることができる」と規定し、1号と2号を置いています。

　1号の仮登記は登記を申請するために必要な実体的要件は備わっているが、手続要件が備わっていない場合になされるものであり、2号の仮登記はまだ物権変動は生じていないが、将来の所有権移転や地上

権設定、抵当権設定等の請求権を保全するためになされるものです（鎌田薫＝寺田逸郎編『新基本法コンメンタール不動産登記法〔第２版〕』（別冊法学セミナーno.269）323頁・325頁（日本評論社、2023）参照）。

　不動産登記法105条１号は、「第３条各号に掲げる権利について保存等があった場合において」と規定しており、３条１号に掲げられている所有権の保存についても１号の仮登記を認めていますが、２号の仮登記については、所有権の保存の登記請求権というものはあり得ず、105条２号も、「第３条各号に掲げる権利の設定、移転、変更又は消滅に関して」と「保存」を規定していません（青山修『仮登記の実務〔補訂版〕』50頁（新日本法規出版、2015）参照）。したがって、不動産登記法の条文上、所有権の保存の仮登記については、１号の仮登記については認められ、２号の仮登記については認められていないということになります（登税別表１－（十二）（仮登記にはイとして「所有権の保存の仮登記又は保存の請求権の保全のための仮登記」という項目がありますが、上記のとおり所有権保存の請求権保全のための仮登記は認められないので、請求権仮登記の部分はできない登記に関する規定と解されています。））。

2　表題登記がされている建物について所有権の保存の仮登記の可否

　表題登記がされている建物について所有権の保存の仮登記については、判例（大判大14・6・17民集4・599）及び先例（大13・6・13民事局長回答）もこれを認めているとされています（鎌田＝寺田・前掲326頁）。

　しかし、所有権の保存の仮登記を肯定する説であっても、仮登記を無制限に認めておらず、表示に関する登記だけがされた不動産について、その表題部所有者に対して所有権の確認訴訟を提起する前に、所有権の保存のための仮登記を命ずる処分を得た場合に限定して認めているとされています（江原幸紀『話せばわかる！研修登記法』126頁（日本加除

出版、2008）参照）。

　Aを所有者として建物の表題登記がされている場合において、Aから当該建物を買い受けたBは、A名義で所有権の保存登記をした後にAからBへの所有権の移転の仮登記を申請することになるので、Bに所有権の保存の仮登記を認める必要はありません。

　それでは、所有権の保存の仮登記を肯定する説であって、限定して認められる事例とは、どのような事例かということになります。

　表題登記がされていない建物の所有者であるAがBと建物の売買契約を締結した場合に、A名義で建物の表題登記をして、所有権の保存登記をした後にAからBへの所有権の移転の登記を行う方法と、A名義での建物の表題登記をせずB名義で建物の表題登記をしてB名義の所有権の保存登記を行う方法がありますが、後者の場合において、B名義で建物の表題登記をした後に、AがBから建物の売買契約を解除や取り消されたときが、この事例に相当します。

　また、別の事例として考えられるのは、建築会社であるA社が建築主Bから建物の工事請負契約の発注を受けて建物を建築した場合には、A社名義で建物の表題登記をして、所有権の保存登記をした後にA社からBへの所有権の移転の登記を行う方法と、A社名義での建物の表題登記をせずB名義で建物の表題登記をしてB名義の所有権の保存登記を行う方法がありますが、後者の場合において、B名義で建物の表題登記をした後に、A社がBから建物の工事請負契約を解除されたときも、この事例に相当するものと思われます。

　このような場合には、Aは、Bを被告としてAの所有権の確認を求める訴えを提起し、その勝訴判決を得て不動産登記法74条1項2号により所有権の保存の登記（本登記）を申請することになります。しかし、勝訴判決を得て判決が確定するまでは時間がかかることから、Aの権利を保全するために所有権の保存の仮登記を認める実益があります

す。

　このような実益がある場合であっても、単独で申請することができる所有権の保存の仮登記を無制限に認めると、Bを所有者として表題登記がされている建物に対して、A以外の無関係の者から所有権の保存の仮登記の申請が可能になってしまいますので、登記の真正担保のため、不動産登記法108条による所有権の保存の仮登記を命ずる処分の決定正本が添付されている場合に限って認めるべきであると解されています（香川保一編著『新訂不動産登記書式精義下巻(一)』9頁（テイハン、1998）、香川保一『新不動産登記法逐条解説(二)』894頁（テイハン、2008）参照）。

　仮登記を命ずる処分の申立ての手続は、仮登記義務者の審尋や、裁判所による職権探知も行われず、民事保全法上の処分禁止の仮処分と異なり、仮登記義務者との間の紛争の存在を要せず、担保の提供も必要もありませんが、実際に仮登記を命ずる処分を得ることができるかについては慎重に判断する必要があります。

　仮登記を命ずる処分が発せられるための要件としては、①仮登記原因が存在すること、②仮登記義務者が仮登記権利者の単独申請に必要な承諾をしないこと、③仮登記を求める仮登記権利者の申請があること、④仮登記原因の存在を仮登記権利者が疎明することが必要であるとされています（七戸克彦監修『条解　不動産登記法』664頁（弘文堂、2013）参照）。

　仮登記を命ずる仮登記仮処分決定を得るためには、仮登記の登記権利者は、不動産の所在地を管轄する地方裁判所に仮登記を命ずる処分の申立てを行う必要があります。管轄は、専属管轄とされています（不登108③）。

　疎明とは、証明に対して、訴訟手続上、裁判官が当事者の主張事実につき、一応確からしいという程度の心証を抱いた状態、又は裁判官にその程度の心証を得させるために当事者がする行為とされています

が（法令用語研究会編『法律用語辞典〔第5版〕』（有斐閣、2020））、仮登記を命ずる処分の決定には仮登記義務者には不服申立てが認められておらず、この決定をもって登記手続をすることが可能であることから、仮登記を命ずる処分の申立ての手続での疎明に関しては、より厳格な、証明に近い高度のものを要求する実務上の運用がされ、申立人には、登記請求権の発生原因事実、発生障害事実の不存在及び消滅原因の不存在の全てについて、疎明する責任があるものとして取り扱われているようです（河合伸一編『新訂貸出管理回収手続双書　仮差押え　仮処分・仮登記を命ずる処分』782頁（金融財政事情研究会、2011）参照）。

　よって、疎明資料が十分に準備できない場合には、民事保全法上の処分禁止の仮処分等、他の手続を検討する必要があるものと思われます。

3　未登記の一戸建ての建物について所有権の保存の登記（本登記）をするまでの流れ

　未登記の一戸建ての建物について、所有者が所有権の保存の登記をするためには、前提として建物について表題登記（不登2二十）をする必要があります。

　所有者は、建物の所有権を有することを証する情報等（不登令別表⑫添付情報欄）を添付して、表題登記の申請をすることができ、表題登記がされると表題部の所有者の欄に所有者の氏名及び住所が記載されます（不登27三）。

　なお、所有者が原始取得者から建物の所有権を取得した承継取得者である場合も、所有権を取得したことを証する情報を添付して、所有者名義の表題登記をすることができます。

　表題部に登記された表題部所有者は、単独で所有権の保存の登記をすることができます（不登74①一）。

4 未登記の一戸建ての建物について所有権の保存の仮登記の可否

3のとおり、一戸建ての建物が未登記の場合には、所有者は、まず所有者名義の表題登記をして、その後で所有権の保存の登記をすれば足ります。

所有者が原始取得者から建物の所有権を取得した承継取得者である場合にも、承継取得者は、まず承継取得者を所有者として表題登記をして、その後で所有権の保存の登記をすれば足ります。

承継取得者が、そのような方法によって登記ができない場合には、承継取得者のために所有権の移転の仮登記仮処分命令を得て、債権者代位により原始取得者を所有者とする表題登記をしてから、同じく債権者代位により原始取得者を所有者とする所有権の保存の登記を経て、所有権の移転の仮登記をすることができます（木村三男＝藤谷定勝編著『改訂　仮登記の理論と実務』55頁（日本加除出版、2013））。

所有権を有することが確定判決によって確認された者は、表題登記がない不動産について所有権の保存の登記（本登記）を申請することができ、この場合には、登記官は、不動産登記法75条の規定により、表題登記を行うものとされています。

よって、表題登記がされていない未登記の一戸建ての建物については、所有者には、所有権の保存の仮登記をする実益はなく、予備的な登記である仮登記を認める必要もないと考えられ、所有権の保存の仮登記は受理されないと考えられます。

| Q & A編 | 第1章 未登記不動産への対処 | 27 |

書　式

○所有権の保存の仮登記が認められる場合の登記申請書

登 記 申 請 書❶

登記の目的　　所有権保存仮登記
権　利　者❷　○市○町○丁目○番○号
　　　　　　　A
添 付 情 報　　仮登記を命ずる処分の決定正本❸
　　　　　　　代理権限証明情報❹
令和○年○月○日申請　○○法務局❺
代　理　人　　○市○町○丁目○番○号　司法書士　○○○○
　　　　　　　連絡先の電話番号　○○−○○○○−○○○○
課 税 価 格　　金○円❻
登録免許税　　金○円❼

＜作成上のポイント＞

❶　所有権の保存の仮登記を命ずる処分の決定を得た場合であっても登記
　は嘱託登記ではなく、仮登記権利者の申請によって行う必要があります。

❷　所有権の保存の登記（本登記）を申請する場合には、「所有者」と記載
　しますが、仮登記の場合には「権利者」と登記されることから「権利者」
　と記載します。または、所有権の保存の登記は、登記義務者が存在しな
　いことから「申請人」と記載することが考えられます。

❸　仮登記を命ずる処分の決定正本を添付します。所有権の保存の登記に
　は登記原因が存在しないので、単に「仮登記を命ずる処分の決定正本」と
　記載します。

　　仮登記の申請になるので住所を証する住民票の写しの添付は不要で
　す。しかし、申請に当たっては住民票の写しで正確な住所の記載を確認
　することが望ましいでしょう。

❹ 代理人によって申請する場合には代理権限を証する情報の添付が必要です。

❺ 不動産登記法74条による申請ではないため、所有権の保存の登記（本登記）の申請情報に記載する「〇年〇月〇日法第74条第1項第1号申請」の記載は必要ありません。

❻ 所有権の保存の仮登記の登録免許税は、不動産の価格の1000分の2になりますので、課税価格を記載します。1,000円に満たない額は切り捨てます。

❼ 所有権の保存の仮登記の登録免許税は、不動産の価格の1000分の2（登税別表1－（十二）イ）で計算します。100円に満たない額は切り捨てます。

Q&A編　第1章　未登記不動産への対処　　29

〔2〕　未登記の建物についての差押えの登記の嘱託とはどのようなものか？

Q　強制競売を申し立て、債務者の所有する土地と建物を差し押さえたいと思っていますが、建物は未登記で表題登記はされていません。この場合に未登記建物について差押えを行うことはできるでしょうか。

A　表題登記がされていない未登記の不動産も強制競売の目的物とすることができます。裁判所書記官から差押登記嘱託がされると、登記官は職権で債務者名義に基づき表題登記、所有権の保存の登記をし、差押えの登記をします。なお、仮差押えの登記嘱託等のその他の所有権の処分の制限の登記が嘱託された場合も同じです。

解　説

1　表題登記がされていない未登記の不動産を強制競売の目的物とすることの可否

表題登記がされていない未登記の不動産も強制競売の目的物とすることができます。登記がされていない土地又は建物についてする強制競売の申立書には、次に掲げる書類を添付しなければならないとされています（民執規23二）。

① 債務者の所有に属することを証する文書

② 未登記の土地について不動産登記令2条2号に規定する「土地所在図」及び同条3号に規定する「地積測量図」

③ 未登記の建物について不動産登記令2条5号に規定する「建物図

面」及び同条6号に規定する「各階平面図」並びに建物が区分所有建物の場合には同令別表の32の項添付情報欄ハ又はニに掲げる情報を記載した書面（ハの情報としては、当該表題登記がない建物が区分建物である場合において、当該区分建物が属する一棟の建物の敷地について登記された所有権、地上権又は賃借権の登記名義人が当該区分建物の所有者であり、かつ、区分所有法22条1項ただし書の規約における別段の定めがあることその他の事由により当該所有権、地上権又は賃借権が当該区分建物の敷地権とならないときは、当該事由を証する情報。ニの情報として当該表題登記がない建物が敷地権のある区分建物であるときは、⑦敷地権の目的である土地が区分所有法5条1項の規定により建物の敷地となった土地であるときは、同項の規約を設定したことを証する情報、⑦敷地権が区分所有法22条2項ただし書の規約で定められている割合によるものであるときは、当該規約を設定したことを証する情報、⑦敷地権の目的である土地が他の登記所の管轄区域内にあるときは、当該土地の登記事項証明書）

①の文書については、公文書でも私文書でもよいとされています（中村さとみ＝劔持淳子編著『民事執行の実務　不動産執行編（上）〔第5版〕』141頁（金融財政事情研究会、2022））。

公文書としては、固定資産評価証明書、私文書としては売買契約書等が考えられます。

不動産競売申立書の物件目録には土地の場合には地番、建物の場合には家屋番号を記載しますが、本件のような表題登記がされていない未登記の建物については家屋番号がないので、「家屋番号（未登記につきなし）」と記載します（阪本勁夫『不動産競売申立ての実務と記載例〔全訂3版〕』317頁（金融財政事情研究会、2005））。

Q&A編 第1章 未登記不動産への対処 31

2 未登記の不動産について所有権の処分の制限の登記嘱託がされた場合の登記手続

　表題登記がない不動産について嘱託により所有権の処分の制限の登記をする場合には、その前提として所有権の保存の登記をする必要があり、所有権の保存の登記をする前提として表題登記をする必要があります。この表題登記と所有権の保存の登記は登記官が職権で行います（不登76②③・75）。

　この場合、表題部には「表題部所有者に関する登記事項」、「登記原因及びその日付」、「敷地権の登記原因及びその日付」は、登記されず（不登規157①一）、表題部に「所有権の登記をするために登記をする旨」として「差押えの登記をするため」のように記載されます（不登規157②、記録例85）。職権による所有権の保存の登記には、「処分の制限の登記の嘱託によって所有権の登記をする旨」として「令和何年何月何日順位2番の差押登記をするため登記」のように記載されます（不登規157③、記録例645）。

　強制競売開始決定に係る差押えの登記の嘱託がされた場合、登記の目的として「差押」、受付年月日・受付番号、権利者その他の事項として「原因　令和何年何月何日何地方裁判所（支部）強制競売開始決定　債権者　何市何町何番地　何某」のように登記がされます（記録例645）。

　登記官は、嘱託による所有権の処分の制限の登記をしたときは、債務者である所有者に対して、所有権の処分の制限の登記に係る、①不動産所在事項及び不動産番号、②登記の目的、③登記原因及びその日付、④登記名義人の氏名又は名称及び住所を明らかにして、所有権の保存の登記をした旨の通知書を送付する方法により通知しなければならないとされています（不登規184、不登準則118・別記82号様式）。

3 所有権の処分の制限の登記の嘱託

所有権の処分の制限の登記の嘱託には、本件のような強制競売開始決定に係る差押えの登記の嘱託のほか、強制管理の開始決定に係る差押えの登記の嘱託、仮差押えの登記の嘱託、仮処分の登記の嘱託、破産及び破産前の保全処分等の登記の嘱託、再生手続開始前の保全処分等の登記の嘱託、会社更生手続開始前の保全処分等の登記の嘱託、清算会社の財産に関する保全処分等の登記の嘱託、滞納処分による差押えの登記の嘱託、収用又は使用の裁決手続開始の登記の嘱託などがあるとされています（鎌田薫＝寺田逸郎編『新基本法コンメンタール不動産登記法〔第2版〕』（別冊法学セミナーno.269）241頁（日本評論社、2023）参照）。

4 表題登記がされていない未登記の建物を強制競売の目的物とするかについての判断

表題登記がされていない建物を強制競売の目的物とすることはできますが、実際に目的物とした場合には、建物が債務者の所有に属することの証明が可能か、「建物図面」や「各階平面図」を準備することができるか、これらにかかる費用の問題があります。建物を目的物にしなかった場合に民事執行法81条による法定地上権が成立する可能性等も考えて検討していくことになります（債務者の所有に属することの証明や、法定地上権についての実務的な事例は、野村創『失敗事例でわかる！民事保全・執行のゴールデンルール30』90頁以下（学陽書房、2020）が参考になります。）。

Q&A編　第1章　未登記不動産への対処　　33

〔3〕　数代にわたって相続登記がされていなかった不動産を登記する際の留意点は？

Q　父が亡くなり、父が所有していた不動産を私が相続することになりました。登記を確認したところ権利部に所有者として登記されているのは父の祖父でした。この場合に私を所有者とする相続による所有権の移転の登記をする際にどのような留意点があるでしょうか。

A　自己を所有者とする相続による所有権の移転の登記をするためには、前提として、当該不動産の所有権が、父の祖父（以下「A」とします。）から父の父（以下「B」とします。）、Bから父（以下「C」とします。）、Cからご自身（以下「D」とします。）へ相続により移転していることが必要になります。これを調査するために、相続人や、遺言や遺産分割等の有無を調査して、AからDへの相続による所有権の移転の登記を行うことになります。数代にわたって相続登記がされていなかった場合には、そのことが原因となって手続上、特有の注意が必要になることがあります。

解　説

1　数代にわたって相続登記がされていなかった不動産の所有者

　Aが、登記がされている不動産の所有権の登記名義人となっている場合には、Aが当該不動産の所有者であったであろうと思われます。数代にわたって相続登記がされていなかった場合には、そのことが原因となって手続上、特有の注意が必要になることがあります。ここで

34 　Q&A編　第1章　未登記不動産への対処

は、建物の取壊し、権利能力なき社団等の代表者として登記がされている場合、家督相続の場合について解説を行います。

2　相続による所有権の移転登記の手続

　Aが当該不動産の所有者であれば、Dへ相続登記を行うためには、BがAから、CがBから、DがCから当該不動産を相続したことを証する書面を提出する必要があります。

　よって、AからB、BからC、CからDへと相続されたことを戸籍類や、遺言、遺産分割協議がされていないかを確認し、遺産分割の協議がされていない場合にはA、B、Cの相続人と遺産分割の協議を行う等により相続による所有権の移転の登記を申請します。AからBへの相続の開始時期によっては、家督相続を原因として所有権が移転していることがあります。

　AからB、BからC、CからDへと相続された場合の所有権の移転の登記は登記原因に家督相続や遺産相続が含まれているときでも、中間の相続人が一人の場合には、最終の相続人へ一の登記申請書で申請することができます（記録例191・192）。

3　遺産分割協議

　AからB、BからC、CからDへと相続する場合において、B、C及びD以外にも相続人が存在し、遺産分割が未了となっている相続があるときに、Dの単独名義にするためには遺産分割の協議を行う必要があります。通常の相続登記と変わりませんが、数次相続となっていることにより相続人の数が多くなっていることがあります。相続人の数が多くなると相続人の中には、日本国内の遠方に住んでいる者、未成年者や成年被後見人、不在者、海外に居住している者、外国籍となり海外へ移住している者がいる可能性も増えていきます。この場合で

ももちろん登記手続は可能ですが、通常の相続より手間と時間がかかることとなります。

4　建物の取壊し

当該建物が価値の低い建物の場合には、建物を取り壊してしまい、滅失登記を行おうとしてしまうことがあります。

しかし、当該建物が遺産分割未了の建物であるときは、A、B及びCの相続人が相続人としての権利を持っていることになります。

A、B及びCの相続人全員の同意や、A、B及びCの相続人全員でDを相続人とする遺産分割協議を行う等、必要な手順を経ずに当該建物を取り壊すことは民法上の不法行為による損害賠償の責任を負い、刑法上の建造物損壊罪に当たる可能性があります。他に相続人がいる場合には他の相続人と連絡を取り合い、建物を取り壊すということと、取壊費用の負担についても話し合って合意書を作成しておくことが後々のトラブルを未然に防ぐこととなります。

5　権利能力なき社団等の代表者として登記がされている場合

所有者として登記がされていたとしても、実体法上権利能力なき社団等の代表者として登記がされている場合があります。

権利能力なき社団とは法人格のない団体で、団体には町内会、消防団、法人格のないマンション等の管理団体、法人格のない政治資金規正法（昭和23年法律194号）3条1項に規定する政治団体（衆議院議員稲田朋美君提出政治団体の法的性格に関する質問に対する答弁書（平成22年3月12日内閣衆質174第201号））等、様々です。

権利能力なき社団の資産は、構成員全員の総有に属するとされています。

権利能力なき社団の構成員全員の総有に属する社団の資産である不

動産については、従来から、その公示方法として、社団の代表者個人の名義で所有権の登記をすることが行われています（最判昭47・6・2判時673・3参照）。

【登記記録例】（記録例229を参考に作成）

権　利　部（甲区）　　（所有権に関する事項）			
順位番号	登記の目的	受付年月日・受付番号	権利者その他の事項
2	所有権移転	令和2年2月4日 第121号	原因　令和2年2月4日売買 所有者　○市○町○丁目○番○号 　　　　司法一郎
3	所有権移転	令和5年12月4日 第1216号	原因　令和4年5月6日委任の終了 所有者　○市○町○丁目○番○号 　　　　法務太郎

　例えば、当該不動産の所有権の登記名義人としてAが登記されている場合には、Aが当該不動産の所有者のときがほとんどだと思われますが、Aが権利能力なき社団の代表者として登記されている可能性もあります。

　上記の記録例で、順位番号3番で所有権の登記名義人となった法務太郎は、委任の終了を所有権の取得の原因として所有権の移転がされています。委任の終了は、権利能力なき社団の旧代表者から新代表者に交代があった場合の登記原因ですから、法務太郎は、権利能力なき社団の代表者として登記されている可能性が高いといえます。

　上記の記録例の場合には、司法一郎も権利能力なき社団の代表者ということになります。これは甲区3番の登記を見ると判断できることですが、甲区3番の登記がされていない場合には、登記簿だけで判断

Q&A編　第1章　未登記不動産への対処　37

することはできません。登記義務のない場合においても登記をしておくことの重要さが分かる一例といえます。当該不動産が地域のために使用されている不動産で、亡くなった被相続人が固定資産税の支払を行っていない場合などは注意が必要です。

　権利能力なき社団の代表者として登記がされている可能性がある場合には、当該不動産の取得の経緯、当事者の意思、当該不動産の管理の状況、登記の経緯等の諸般の事情を調査して判断する必要があります。

6　家督相続の場合

　AからBへの相続が家督相続の場合には、相続を証する書面として、AからBへ家督相続がされたことが記載された戸籍を登記原因証明情報として添付して相続による所有権の移転の登記を申請することになります。

　家督相続の場合の注意点としては、家督相続の開始原因には、戸主の死亡の他に、戸主の隠居が含まれる点です（旧民964一）。隠居者が隠居後に取得した不動産は、旧戸主の固有財産として遺産相続の対象になります（旧民992）。

　隠居者が隠居後に取得した不動産であることが登記簿上明らかな場合、例えば、隠居者が当該不動産につき隠居後に隠居者を所有権の登記名義人とする所有権の移転の登記をしたときには、当該不動産についての家督相続の登記申請は、却下すべきであるとされています（大2・6・30民132）。

　隠居者が隠居後に取得した不動産であるか否かは、戸籍に記載された隠居の日付と、登記簿に記載された当該不動産を売買等により取得した日を見比べることにより明らかですので、隠居者が隠居前の日付の売買等を原因として所有権を取得していれば家督相続による所有権

38 　Q & A 編　第1章　未登記不動産への対処

の移転の登記、隠居後の日付の売買等を原因として所有権を取得して
いれば遺産相続により所有権の移転の登記を申請することになります
ので注意が必要です。

書　式

○数次の相続を一の登記申請書で申請する場合の例

登　記　申　請　書

登記の目的　　所有権移転
原　　　因❶　昭和○年○月○日Ｂ家督相続
　　　　　　　平成○年○月○日Ｃ相続
　　　　　　　令和○年○月○日相続
相　続　人❷　（被相続人　Ａ）
　　　　　　　○市○町○丁目○番○号　　　Ｄ
添 付 情 報　　登記原因証明情報❸
　　　　　　　住所証明情報
　　　　　　　代理権限証明情報❹
令和○年○月○日申請　　○○法務局
代　理　人　　○市○町○丁目○番○号　司法書士　○○○○
　　　　　　　連絡先の電話番号　○○－○○○○－○○○○
課 税 価 格　　金○円❺
登録免許税　　金○円❻

＜作成上のポイント＞

❶　登記の原因を記載例のように併記することによって数次の相続を一の
　登記申請書で申請することができます。
❷　被相続人として所有権の登記名義人Ａを、相続人として最終の相続人
　Ｄを記載します。

❸　AからB、BからC、CからDへと相続されたことを証する戸籍類、遺言書、遺産分割協議書等を添付します。

❹　代理人によって申請する場合には代理権限を証する情報の添付が必要です。

❺　課税価格を記載します。1,000円に満たない額は切り捨てます。

❻　相続による所有権の移転の登記の登録免許税は、不動産の価格の1000分の4（登税法別表１－（二）イ）で計算します。100円に満たない額は切り捨てます。

40　Q&A編　第1章　未登記不動産への対処

〔4〕　相続した不動産が未登記だったときの登記手続と問題点は？

Q　相続した不動産が未登記であった場合に、相続人名義で登記するときの手続や、どのような問題点や注意点があるでしょうか。

A　不動産の所有者の相続人となったことを確認して、相続人の調査、遺言書の確認、遺産分割協議を行い、不動産を相続する相続人が表題登記を行い、所有権の保存の登記を行います。

解　説

1　未登記の不動産とは

　未登記の不動産とは、登記されていない土地、建物のことをいいますが、実際には未登記の土地というものはほとんどなく、未登記の不動産の多くは建物ということになります。

　登記を探しても建物の登記が見つからないことがあります。市町村からの納税通知書や納税通知書とあわせて送付される課税明細書には、家屋番号を記載した欄がある場合が多く、登記された建物には、家屋番号として「1－1」、「214－1」等の記載がされていますが、未登記の建物の場合には、この欄が空欄になっています。

　不動産登記法47条では、「新築した建物又は区分建物以外の表題登記がない建物の所有権を取得した者は、その所有権の取得の日から一月以内に、表題登記を申請しなければならない。」とされています。

　建物を新築した場合において、新築した者が住宅ローン等の融資を受けるときには、金融機関は建物について抵当権等の登記をします。新築した建物に抵当権等の登記をするためには、その前提として、新

築した建物の表題登記を行い、所有権の保存の登記を申請する必要があります。このケースの場合には建物が未登記になることはありません。

しかし、自己資金で建物を建てた場合には、金融機関等から抵当権等の登記を求められることもなく、建物が未登記のままになってしまうことがあります。もちろん、自己資金で建物を建てた場合であっても、申請義務のある表題登記、その後、所有権の保存の登記を行っていることも多いです。

不動産登記法164条には、同法47条の義務がある者が申請を怠ったときは、10万円以下の過料に処するとしていますが、未登記の建物は珍しくなく、実務上、頻繁に見掛けます。

過料の額が10万円以下と少ないことや、過料が刑罰ではないことも原因にあると思いますが、一番の原因は、新築建物の登記を怠ったことにより実際に過料に処せられた例を聞かないことだと思われます。

未登記建物の所有者は、個人、法人、会社に限らず、公団住宅が所有する建物にも未登記建物があります。

平成20年には独立行政法人都市再生機構が、同機構が管理するＵＲ賃貸住宅建物の一部に表題登記が行われていないものがあることが判明した問題について、おおむね３年間で表題登記を行うと発表したことがありました。

このように未登記建物は珍しい問題ではなく、非常に身近な問題であるといえます。

2 未登記建物の問題点

市町村が賦課する固定資産税については、未登記の建物についても課税されており、市町村からの納税通知書も送付されます。

納税通知書に記載された通知先には、所有者の他、所有者に限らず権利能力なき社団の代表者、既に亡くなった人、何代も前に亡くなった人が記載されていることがあります。

所有者として登記された所有権登記名義人は、所有者と推定されますが、納税通知書に通知先として記載された者は、必ずしも現在の所有者とは限りません。

　例えば、父親が亡くなって父親が長年住んでいた建物を相続する場合には、父親を所有者として扱って相続手続を進めてよいでしょうが、本当は父親と母親との共有の可能性もありますし、祖父が建てた家の場合には父親が遺産分割協議等により相続したか、登記がされていれば登記の記載を見れば明らかですが、納税通知書を見ただけでは、そういったことは分かりません。

　未登記という状態は登記をしてある不動産と比べて、こういった所有関係が不明確な点に問題があります。

　敷地上に建物が複数ある場合には、未登記の建物がどの建物に当たるのか特定が難しい場合があります。

　既に登記をしてある建物の一部なのか、未登記の建物が複数ある場合には、どの建物に該当するのかがわからないという問題は建物の登記がされていないため、このような問題が生じます。

　既に滅失した未登記建物が市町村への滅失の届出をしていなかったために、市町村からの納税通知書や納税通知書と併せて送付される課税明細書に記載されたままになり、毎年課税されていたことに、相続手続の際に気が付いたという例もあります。登記されていない建物を正確に把握することが難しいのは市町村も同じです。

　未登記という状態は登記をしてある不動産と比べて、このような建物の特定に問題があります。

　特定が難しい場合には、土地家屋調査士に依頼することもあります。

3　未登記建物の所有者

　未登記の建物を相続するに当たっては、当該建物が被相続人の所有する建物であることを確認する必要があります。

Q&A編　第1章　未登記不動産への対処　43

　登記されている建物の場合には、表題部の所有者の欄や、権利部（甲区）に所有権として登記がされていることから明らかです。

　これに対し、未登記の建物の場合には、建築基準法に基づく確認済証及び検査済証の建築主、固定資産税評価証明書の所有者欄などを調査して所有者であることを確認します。

　所有者の調査が難しい場合には、土地家屋調査士に依頼することもあります。

4　相続人の範囲の特定、未登記建物の相続人を決める

　未登記の建物の所有者が明らかになれば、次は、登記がされている建物と同じように、被相続人の戸籍を調査し、相続人の範囲を確定し、遺言書の調査、遺産分割の協議を行い、未登記建物の相続人を決めます。

5　表題登記、所有権の保存の登記

　未登記建物の相続人が決まった後は、建物の表題登記、所有権の保存の登記をしておくとよいでしょう。

　建物の表題登記は、前述のとおり登記申請をする義務があります。

　これに対して、所有権の保存の登記には、登記申請をする義務はありませんが、初めてなされる所有権の登記であり、この登記を起点として、その後の所有権の移転の登記、抵当権等の設定登記がなされる重要な登記です。建物の売却等の処分が必要になったとき、融資を受けるために抵当権等の設定が必要になったときに、直ちに登記ができるように所有権の保存登記まで行っておくべきでしょう。

　建物の表題登記は土地家屋調査士、所有権の保存の登記は司法書士に依頼して行うこともできます。

第2章　所有者不明土地への対処

〔5〕　所有者不明土地の所有者を探索するための「政令で定める方法」とは？

Q　土地の所有者の氏名や名称、住所や居所その他土地の所有者を確知するために必要な情報を取得するには、どのような方法を取ればよいのでしょうか。

A　所有者不明土地令1条に規定する方法が「土地所有者確知必要情報」とされていますが、具体的には以下のとおり5つの措置が定められています。

解　説

　所有者不明土地法の適用については、当該土地が所有者不明土地に該当する必要があります。そこで、所有者不明土地とはどういう土地かについては要件がありますので、当該要件について解説します。

　所有者不明土地法では「相当な努力が払われたと認められるものとして政令で定める方法により探索を行ってもなおその所有者の全部又は一部を確知することができない一筆の土地」とされています（所有者不明土地2①）。

　そして「政令で定める方法」として、所有者不明土地令1条で、土地所有者確知必要情報を取得するため、以下の1から5までの措置を取る方法が定められています。これらの措置を取ることによって相当な努力が払われたと認められます。

Q & A編 第2章 所有者不明土地への対処 45

1　当該土地の登記事項証明書の交付を請求すること（所有者不明土地令1一）

　登記記録上の所有権登記名義人を確認するために、法務局で登記事項証明書の交付を請求します。登記事項証明書は、当該土地の地番を判明させないと取得できませんので、地番が分からない場合には、住居表示地番対照住宅地図（ブルーマップ）で当該土地の位置を確認し、登記所に備え付けられている地図（不登14①）や地図に準ずる書面（公図、不登14④）を確認して、当該土地の地番を特定します。

　現在、法務局の窓口では1通600円の手数料を収入印紙で納付します。1通の枚数が50枚を超える場合、50枚毎に100円加算されます。

　法務局へ郵送で交付申請書を送付する場合には、1通500円（加算額は同上）の手数料のほか、送料（返信用封筒に切手貼付）も必要です。

　法務大臣が指定する法人が行う登記情報提供サービスによって、インターネットを利用して登記情報を取得することもできます。

　登記・供託オンライン申請システム（http://www.touki-kyoutaku-online.moj.go.jp、2024.11.27）を使って、指定登記所の窓口で受領する場合は、1通480円（加算額は同上）、郵送で受領する場合は1通500円（加算額は同上）となります。手数料は、インターネットバンキング、モバイルバンキング又は電子納付対応のATMを利用して支払います。

　なお、自治体の職員が職務上請求する場合にはその手数料納付が免除されています（登記手数料令19）。

2　当該土地の占有者その他の土地所有者確知必要情報を保有すると思料される者に対し、当該情報の提供を求めること（所有者不明土地令1二）

　土地所有者確知必要情報を保有すると思料される者とは、所有者不

明土地規則1条に下記のとおり定められています。

① 当該土地を現に占有する者

② 当該土地に関し所有権以外の権利を有する者

③ 当該土地にある物件に関し所有権その他の権利を有する者

④ 後記5の措置をとっても当該土地の所有者の全部又は一部を確知することができなかった場合の、当該措置の対象者

⑤ 当該土地の固定資産課税台帳を備えると思料される市町村長（特別区の場合都の知事）

　固定資産課税台帳は、固定資産税の納税者を特定するために作成されており、固定資産評価証明書を取得すると納税義務者が明らかになる場合があります。

⑥ 当該土地の地籍調査票を備えると思料される都道府県知事又は市町村長

⑦ 農地台帳を備えると思料される農業委員会の市町村長

⑧ 林地台帳を備えると思料される市町村長

⑨ 所有者の探索について特別の事情を有するものとして国土交通大臣が定める土地である場合においては、国土交通大臣が定める者

　国土交通大臣が定める土地とは、所有権の登記がない土地であって、登記記録の表題部の所有者欄に所有者の全部又は一部の氏名若しくは名称又は住所が記録されていないものとして、下記の4つの土地が想定されます。

　㋐　字持地

　　登記記録の表題部の所有者欄に「（大）字A」、「（大）字A惣代」等と市町村内の町又は字その他の区域の名称のみが記録されている土地

　㋑　記名共有地

　　登記記録の表題部の所有者欄に「A外○名」等と記録され、A

Q&A編 第2章 所有者不明土地への対処 47

の住所並びに他の共有者の氏名及び住所が記録されていない土地

⑦ 共有惣代地

登記記録の表題部の所有者欄に「共有惣代Ａ」、「共有惣代Ａ外○名」等と記録され、Ａ以外の者や「外○名」の氏名及び住所が記録されていない土地

㋤ 登記記録の表題部の所有者欄に所有者の氏名のみが記録され、住所が記録されていない土地

この場合、当該土地の所在地を管轄する市町村長に対して情報提供を求め、所有者と思料される自治会や認可地縁団体（自治260の2②）があるか、財産区（自治294①）の所有であるかどうか等を確認します。

⑩ 所有者と思料される者が個人である場合

㋐ 親族

㋑ 在外公館の長

⑪ 所有者と思料される者が法人である場合

㋐ 法人の代表者

㋑ 清算人又は破産管財人

㋒ 法人の代表者、清算人又は破産管財人が記録されている住民基本台帳、戸籍若しくは除籍簿又は戸籍の附票を備えると思料される市町村長

3 土地の所有者と思料される者（以下、「登記名義人等」といいます。）が記録されている住民基本台帳、法人の登記簿その他の国土交通省令で定める書類を備えると思料される市町村の長又は登記所の登記官に対し、当該登記名義人等に係る土地所有者確知必要情報の提供を求めること（所有者不明土地令1三）

土地の所有者と思料される者が記録されている書類として、個人で

ある場合には、①住民基本台帳、②戸籍簿又は除籍簿、③戸籍の附票、法人である場合には法人の登記簿又は認可地縁団体では地方自治法施行規則に規定する台帳がこれに当たります。

4　登記名義人等が死亡し、又は解散していることが判明した場合には、当該登記名義人又はその相続人、合併後存続し、若しくは合併により設立された法人その他の当該土地の所有者と思料される者が記録されている戸籍簿若しくは除籍簿若しくは戸籍の附票又は法人の登記簿その他の国土交通省令で定める書類を備えると思料される市町村長又は登記所登記官に対し、当該土地に係る土地所有者確知必要情報の提供を求めること（所有者不明土地令1四）

　登記名義人等が死亡又は法人が解散、合併等している場合には、所有者の戸籍簿、除籍簿、戸籍の附票、法人の登記簿等を請求することになります。登記名義人等が死亡している場合には、その法定相続人を探索する必要がありますので、登記名義人等の出生から死亡までの全ての戸籍簿又は除籍簿についての情報提供を求めることになります。

5　所有者と思料される者に対し、当該土地の所有者を特定するための書面の送付その他の国土交通省令で定める措置をとること（所有者不明土地令1五）

　その他の措置とは、①所有者と思料される者に対する書面の送付、②所有者と思料される者に対する訪問のいずれかとなります（所有者不明土地規3）。

　書面を送付する場合、所有者であるか否かを確認する旨を記載した書面を、書留郵便で送付する等、書面が所有者と思料される者に到達

Q&A編 第2章 所有者不明土地への対処 　　49

したかを確認できる方法で行うこととされています。

　書面が宛先不明で返送された場合は、その対象となった所有者と思料される者不明と取り扱って差し支えないとされます。書面は到達したが、回答が得られない場合は、不明と取り扱うことはできません。

　訪問の場合は、複数回訪問を実施し、同一の曜日や時間帯を避け、写真撮影等で訪問日時を判別できるように記録し、不在の場合は、所有者であるか否かを確認するため訪問した旨と連絡先を書面に記載して郵便受けに投函する等の所有者と思料される者からの連絡を得るための措置をとることになります。

　以上によっても、土地所有者が不明の場合、生存しているが所在が判明しない場合、生死不明の場合、死亡は判明しているが相続人のあることが明らかでない場合等土地所有者の所在や所有者そのものが特定できない場合があります。その場合には、不在者財産管理や相続財産管理の各制度等の利用を検討していきます。

50　Q＆A編　第2章　所有者不明土地への対処

〔6〕　所有者特定書の記録事項、保存方法は？

Q　登記官が所有者を探索して所有者等の特定をしたとき
に作成される「所有者特定書」とは、どのような書面に
なるのでしょうか。所有者特定書の記録事項や保存方法はどの
ようになっているのでしょうか。

A　不動産登記簿の表題部所有者欄の氏名及び住所の全部
又は一部が正常に登記されていない「表題部所有者不明
土地」について、その登記及び管理の適正化を図るため、令和元
年5月24日、表題部所有者不明土地の登記及び管理の適正化に関
する法律が公布され、登記官に所有者の探索に必要な調査権限が
与えられ（所有者不明土地登5）、所有者等探索委員制度が創設され
ました（所有者不明土地登9）。「所有者特定書」とは、登記官が実地
調査や近隣住民への聞き取り、地方公共団体等からの情報提供、
所有者等探索委員の調査により所有者等を特定したときに、登記
所に備え付ける書面又は電磁的記録のことをいいます（所有者不明
土地登14②、所有者不明土地登規1③）。

解　説

1　探索開始の公告

　登記官は、職権で所有者等の探索を開始するときは、探索を開始す
る旨を公告しなければなりません（所有者不明土地登3）。

2　登記官による調査

　公告があったときは、利害関係人は登記官に対し、表題部所有者不

明土地の所有者等について、意見又は資料を提出することができます（所有者不明土地登4）。

　登記官は、土地の実地調査をすること、土地の所有者、占有者その他関係者から聞き取り調査、情報提供等探索に必要な調査をすることができます（所有者不明土地登5）。

3　所有者等探索委員

　探索のために必要な調査をさせ、登記官に意見を提出させるために所有者等探索委員を若干名置くことができます（所有者不明土地登9）。

　調査等をするために必要な知識・経験を有する者として、弁護士、司法書士、土地家屋調査士が任命されています。

4　登記官による表題部所有者の登記

① 　登記官は、所有者等の特定をしたときは、所有者等が特定された表題部所有者不明土地につき、職権で遅滞なく、表題部所有者の登記を抹消しなければなりません（所有者不明土地登15①）。

　　そして登記官は、表題部に以下の各号に掲げる所有者等の特定の区分に応じて、当該各号に定める事項を登記します（所有者不明土地登15①・14①）。

　㋐　表題部所有者として登記すべき者の氏名又は名称及び住所（共有持分含む。）

　㋑　表題部所有者として登記すべき者がないときはその旨（共有持分含む。）

　㋒　表題部所有者として登記すべき者がある共有持分については、その者の氏名又は名称及び住所、登記すべき者がない共有持分についてはその旨

　㋓　ⓐ　所有者等を特定することができなかったこと

ⓑ 所有者等を特定することができた場合であっても、法人で
ない社団等に属するとき又は属していたときにおいて、表題
部所有者として登記すべきものを特定することができなかっ
たこと

＜特定された所有者等を表題部の所有者とする登記の記載例＞

ⅰ 所有者名のみ記載されていた場合　所有者「○○○○」
　　○市○町○丁目○番○号　　○○○○
　　手続番号　第○○－○○－○○号
　　令和元年法律第15号第15条の規定により令和○年○月○日登記
ⅱ 大字○○とのみ記載されていた場合
　　○○市（手続番号以下記載省略）
ⅲ 所有者「○○○○」外2名と記載されていた場合
　　○市○町○丁目○番○号　持分3分の1　　○○○○
　　○市○町○丁目○番○号　　　3分の1　　○○◎◎
　　○市○町○丁目○番○号　　　3分の1　　○○●●

---

② 登記官は、①の表題部所有者の登記をしようとするときは、あら
かじめ、その旨その他法務省令で定める事項を公告しなければなり
ません（所有者不明土地登15②）。これにより、当該土地の所有者であ
ると主張する者に対する権利保障を図ります。登記をしたときも、
遅滞なく、法務省令で定める事項を公告しなければなりません（所
有者不明土地登16）。また、表題部所有者又はその相続人その他一般
承継者であって知れているものに対し、登記が完了した旨を通知し
なければならないとされています（所有者不明土地登規12）。

③ 所有者等の特定をしたときは、「所有者特定書」として、その理由
その他法務省令で定める事項を記載し、又は記録した書面又は電磁
的記録を作成しなければなりません（所有者不明土地登14②、所有者不
明土地登規1三）。

5 所有者特定書の記録事項等

所有者特定書には、次に掲げる事項が記録されます（所有者不明土地登規7①）。

① 手続番号

　表題部所有者不明土地の登記及び管理の適正化に関する法律3条1項の探索を行う際に、表題部所有者不明土地ごとに付す番号です。

② 表題部所有者不明土地に係る所在事項

③ 結論

④ 理由

⑤ 所有者等探索委員の意見が提出されている場合、その旨

　当該意見が所有者特定書の結論とどのような関係にあるのかを知る端緒とするためのものです。

⑥ 作成の年月日

　登記官は、書面をもって所有者特定書を作成するときは、所有者特定書に職氏名を記載し、職印を押印しなければなりません（所有者不明土地登規7②）。

　また、登記官は、電磁的記録をもって所有者特定書を作成するときは、登記官を明らかにするための措置であって法務大臣が定めるものを講じなければなりません（所有者不明土地登規7③）。

6 所有者特定書の保存等

所有者特定書に記載され、又は記録された情報は、永久に保存するものとされ（所有者不明土地登規13①）、電磁的記録を保存する方法によってなされます（所有者不明土地登規13②）。

また、所有者特定書つづり込み帳が登記所に備えられ（所有者不明土地登規14①）、保存期間は作成の年の翌年から30年間となっています（所有者不明土地登規14③）。

7 所有者特定書の利用

　表題部所有者の相続人が、相続を原因とする登記の申請をする場合において、所有者特定書の写しを提供したときは、当該書面により相続があったことを確認することができる限りにおいて、当該書面の提供をもって、相続があったことを証する市町村長その他の公務員が作成した情報の提供に代えることができるものとされています。また、表題部所有者の相続人が、所有権保存の登記を申請する場合において、当該表題部所有者に係る所有権特定書の写しを提供したときは、当該書面により当該相続人の住所を確認することとなる限りにおいて、当該手続番号の提供をもって、登記名義人となるものの住所を証する市町村長その他の公務員が作成した情報の提供に代えることができるとされています（令元・11・21民二599）。

8 所有者を特定できなかった場合

　所有者等の探索を行った結果、所有者等を特定することができなかった表題部所有者不明土地（所有者等特定不能土地）については、裁判所の選任した管理者による管理が可能となります（所有者不明土地登19①）。そのほか、所有者等を特定することができた場合でも、当該表題部所有者不明土地が法人でない社団等に属するとき又は法人でない社団等に属していたときにおいて、表題部所有者として登記すべき者を特定することができない等、表題部所有者として登記すべき者がない場合には、その旨を登記し（所有者不明土地登14・15）、その理由を所有者特定書に記録します（所有者不明土地登規7四、所有者不明土地登14②）。その場合も含め、裁判所は、所有者等特定不能土地について、必要があると認めるときは、利害関係人の申立てにより、特定不能土地等管理者による管理を命ずる処分（以下「特定不能土地等管理命令」といいます。）ができることとなりました（所有者不明土地登19①）。

（1）　「必要があると認めるとき」とは

所有者等特定不能土地の管理の必要があると認めるときとは、がけ地などで崩落を防止するため必要な工事をする必要がある場合に、その権限を有する者がいない場合、民間事業者が当該土地を買収して開発を行いたい場合、当該土地について時効取得を主張する者が訴訟提起する場合などが考えられます。

（2）　特定不能土地等管理者の権限

特定不能土地等管理者が選任された場合には、特定不能土地等管理命令の対象とされた所有者等特定不能土地及びその管理、処分等により特定不能土地等管理者が得た財産の管理及び処分をする権利は、当該特定不能土地等管理者に専属します。管理、処分等で得た財産とは、土地で収穫される果実類や土地売買代金等のことになります。

また、特定不能土地等管理者が次の行為をするときは、裁判所の許可が必要となります。

①　土地を売却する場合

②　土地に改良を加える場合

その行為をする理由を疎明して（所有者不明土地登21④）、裁判所の許可を得ることが必要です。許可を得ずして行った行為は無効となりますが、これをもって善意の第三者に対抗することはできません（所有者不明土地登21③）。

（3）　特定不能土地等管理者の義務等

特定不能土地等管理者には、善管注意義務や速やかに管理に着手する義務及び誠実かつ公正に権限行使する義務が課せられています（所有者不明土地登22・24）。

〔7〕 所有者不明土地の所有権、使用権を取得する方法は？

Q 　所有者不明土地法が制定され、所有者不明土地を円滑に利用する仕組みとして、道路等の公共事業の手続を合理化・円滑化することを目的として所有権を取得したり、地域住民等のための新たな事業の創設として使用権を設定したりすることができるようになったと聞きましたが、どのようなことなのでしょうか。

A 　所有者不明土地法は、所有者不明土地の利用の円滑化及び管理の適正化並びに土地の所有者の効果的な探索を図るため、国土交通大臣及び法務大臣による基本方針の策定について定めるとともに、地域福利増進事業の実施のための措置、所有者不明土地の収用又は使用に関する土地収用法の特例、土地の所有者等に関する情報の利用及び提供その他の特別の措置を講じることにより、国土の適正かつ合理的な利用に寄与することを目的として制定されました（所有者不明土地1）。

　地域福利増進事業について、地域住民その他の共同の福祉又は利便の増進を図るために行われる事業であって、原状回復が可能なもの（事業主体は限定されません。）について、都道府県知事の裁定により、最長10年間（備蓄倉庫等の災害関連施設や再生可能エネルギー発電設備の整備等政令で定める事業については20年間）の使用権を設定することができます（所有者不明土地13③）。

　土地収用法の特例で、土地収用法の事業の認定を受けた収用適格事業（収用3）について、その起業地内にある特定所有者不明土地を収用等しようとするときは、都道府県知事に対し、特定所有

Q&A編 第2章 所有者不明土地への対処 57

者不明土地の収用等についての裁定を申請することができます（所有者不明土地27①）。これにより、裁定手続を簡素化・迅速化することができ、収用委員会に代わり都道府県知事が審理手続を省略し、権利取得裁決・明渡裁決を一本化し、知事の裁定で事業主体が土地の所有権を取得することができます（収用101）。

解　説

地域福利増進事業の実施のため使用権を取得できる土地、土地収用法の特例が受けられる土地はいずれも、「特定所有者不明土地」に限られます（所有者不明土地10①・11①二）。「特定所有者不明土地」とは、所有者不明土地のうち「現に建築物（簡易な構造の小規模建築物又はその利用が困難であり、かつ、引き続き利用されないことが確実であると見込まれる建築物を除きます。）が存在せず、かつ、業務の用その他の特別の用途に供されていない土地」とされています（所有者不明土地2②）。

1　地域福利増進事業

　所有者不明土地の使用権を取得するには、土地所在地を管轄する都道府県知事の裁定を受ける必要があります（所有者不明土地10①）。

　地域福利増進事業のために土地使用権を取得できる土地は、特定所有者不明土地に限られ（所有者不明土地2②）、以下のいずれにも該当する必要があります。

①　相当な努力が払われたと認められる方法により探索を行っても（所有者不明土地令1）その所有者の全部又は一部を確知できないこと。

② 土地に簡易建築物等以外の建築物が存在しないこと。

　簡易建築物には小規模な物置等床面積が20㎡未満かつ階数が1であるもの（所有者不明土地令2①②）や朽廃した空き家等が該当します。

③ 業務の用その他の特別の用途に供されていないこと。

（1）　裁定を受けることにより取得することができる権利

① 土地使用権……所有者不明土地の使用権

② 物件所有権……所有者不明物件の所有権

③ 物件使用権……所有者不明物件の使用権

（2）　裁定申請手続

地域福利増進事業を実施する者（以下「事業者」といいます。）は、裁定申請書を都道府県知事に提出します。

① 裁定申請書の記載事項（所有者不明土地10②）

　㋐事業者の氏名又は名称及び住所、㋑事業の種別、㋒事業区域、㋓裁定を申請する理由、㋔その他

② 裁定申請書の添付書面（所有者不明土地10③）

　㋐事業計画書、㋑補償金額見積書、㋒行政機関の長の意見書、㋓その他国土交通省令で定める書類

なお、都道府県知事は事業の公益性、事業者の適格性を確認するために関係市区町村長に意見を聴取します（所有者不明土地11②③）。

市区町村長は、市区町村の各種計画との整合性等、施設の必要性、施設の利用条件、地域住民の反対運動の有無やその内容等の各意見を聴取します。

（3）　公告・縦覧（各2か月間）

都道府県知事は、事業が全ての要件に該当すると認める場合には、所有者不明土地であるかどうかや、反対する権利者がいないかを確認するため、公告、縦覧を行います（所有者不明土地11④、所有者不明土地規23①）。

（4）　都道府県知事の裁定

都道府県知事は、裁定をしようとするときは、補償金の額について

収用委員会の意見を聴取しなければなりません（所有者不明土地13④）。

裁定した内容を、事業者及び特定所有者不明土地所有者等で知れている者に通知及び公告します（所有者不明土地14）。

（5）　使用権の取得

事業者は、裁定において定められた補償金を供託すれば、裁定において定められた使用権の始期において、使用権を取得することができます（所有者不明土地15・17）。

使用権の存続期間中に、不明であった所有者が現れ、明渡しや原状復帰を要求されたとしても、使用権に基づき事業を継続して実施することができます（所有者不明土地15）。

期間終了後に原状回復しますが、判明している所有者全員の同意が得られている場合には、原状回復の必要はありません（所有者不明土地24）。

土地使用権は、公法上の権利であり登記は不要ですが、使用権が設定された土地に、必要事項を表示した標識を設置する義務があります。標識を設けなかった場合、30万円以下の罰金に処せられます（所有者不明土地20・62）。

（6）　存続期間延長の申請

事業者は、使用権の存続期間満了後も、引き続き所有者不明土地を利用して事業を実施したい場合には、使用権の存続期間の延長についての裁定を申請することができます（所有者不明土地19①）。

（7）　その他

①　裁定申請の却下

都道府県知事は裁定申請に係る事業が定められた要件に該当しない場合は裁定申請を却下することになります（所有者不明土地12）。

却下に不服がある場合には、事業者は行政不服審査法に基づく審査請求を行うか、行政事件訴訟法に基づく行政訴訟を提起することができます。

② 裁定の取消し

　都道府県知事は、事業者が法令に違反した場合や、事業が要件に該当しなくなった場合等には、裁定を取り消すことができます（所有者不明土地23①一・二）。

　事業者が事業を廃止する場合には、都道府県知事は、事業が要件に該当しなくなったと判断し、裁定を取り消すことになります（所有者不明土地23①三）。

③ 権利の譲渡

　事業者は、都道府県知事の承認を受けて、使用権を別の者に譲渡することができます（所有者不明土地22①）。その際には、都道府県知事は譲渡前から変更となる部分について所有者不明土地法11条1項各号の要件に該当するかを確認します。

2 土地収用法の特例

　起業者は、土地収用法の事業の認定を受けた収用適格事業（収用3）について、その起業地内にある特定所有者不明土地を収用等しようとするときは、都道府県知事に対し、特定所有者不明土地の収用等についての裁定を申請することができます（所有者不明土地27①）。

　これは、収用委員会による権利取得裁決・明渡裁決を都道府県知事による裁定に一本化するとともに、審理手続を省略し収用手続の合理化・円滑化を図るものです。

　都道府県知事による公告・縦覧の結果、土地所有者等から申出があった場合等には、特例制度による手続は却下され、必要に応じ土地収用法に基づく裁決手続を行うことになります（所有者不明土地29①②）。

（1） 裁定申請の手続

　手続は次の順により進められます。

① 土地収用法の事業認定の告示（事業認定庁）

② 裁定の申請（起業者⇒都道府県知事）（所有者不明土地27）

③ 裁定申請があった旨及び異議のある者は申し出るべき旨の公告・裁定申請書等縦覧（都道府県知事）（所有者不明土地28）

④ 裁定手続開始の決定・登記等（都道府県知事）（所有者不明土地規45）

⑤ 補償金の額について収用委員会に意見徴収（都道府県知事⇒起業者）（所有者不明土地32④）

⑥ 裁定した旨の通知・公告（都道府県知事・都道府県知事⇒起業者）（所有者不明土地33）

⑦ 補償金の供託（起業者⇒供託所）（所有者不明土地34、収用95）

⑧ 権利取得（起業者）（収用101）

（2） 裁定の効果

　裁定があったときには、当該裁定の対象となった特定所有者不明土地について、土地収用法の権利取得裁決と明渡裁決があったものとみなされ、同様の効果が得られます（所有者不明土地34）。

（3） 裁定申請が却下される場合（所有者不明土地29・32）

① 対象土地が特定所有者不明土地に該当しない場合

② 公告縦覧期間内に、土地所有者等からの異議の申出があった場合

③ 公告縦覧期間内に、確知することができなかった所有者全員から当該土地の所有者である旨の申出があった場合

④ 裁定申請に係る事業が、土地収用法の規定に基づく事業の認定の告示により告示された事業と異なる場合

⑤ 裁定申請に係る事業計画が、土地収用法の規定に基づく事業認定の申請に添付された事業計画書の計画と著しく異なる場合

⑥ その他、裁定庁が申請が相当でないと認める場合

〔8〕 所有者を調査する方法は？

　所有者の所在の把握が難しい土地を取得しようとする場合、どのようにして所有者の調査を進めて土地購入の交渉を進めていけばよいのでしょうか。

　所有者不明土地令が平成30年11月9日に公布されました。そして、国土交通省「所有者の所在の把握が難しい土地に関する探索・利活用のためのガイドライン～所有者不明土地探索・利活用ガイドライン～（第3版再補訂）」（令和6年10月）には、①登記情報の確認、②住民票の写し等の取得、③戸籍の取得、④聞き取り調査、⑤居住確認調査、⑥その他の方法が紹介されています。

　解　説

1　登記情報（登記事項証明書、地図情報等）の確認
①　土地の地番から登記事項証明書を取得して、登記記録に記載された内容を確認し、所有権登記名義人等の住所、氏名を確認します。
②　①の地番が不明な場合は、住宅地図の上に、公図に基づく公図界、公図番号、地番をブルーで記入された住居表示地番対照住宅地図（ブルーマップ）で、該当土地の地番を特定します。
③　必要に応じて、閉鎖登記簿謄本を取得して、現在の登記事項証明書に移記された内容と照合することもあります。

2　住民票の写し等の取得
①　所有権登記名義人等の住所と生存状況を、住民票の写し等に記載された内容によって確認します。

Q&A編 第2章 所有者不明土地への対処 　　63

② 　住所が移転している場合や死亡している場合には、住民票の除票が交付されます。転出先の住民票を取得するか、住所と本籍地が同一の場合も多くありますので、本籍地で戸籍の附票を入手して、最終の住所を特定できる場合もあります。死亡の場合には、相続人の調査をすることになります。

③ 　令和元年6月20日以降は、住民基本台帳法施行令等の一部を改正する政令等により住民票の除票及び戸籍の附票の除票等は保存期間が150年となりましたが、平成26年6月19日以前に消除又は改製されている除票等は保存期間が経過して廃棄されているので交付を受けることができませんので注意しましょう。

3　戸籍の取得（法定相続人の確認）

　2により、所有権登記名義人等の死亡が判明した場合には、その法定相続人の調査をすることになります。

① 　戸籍謄本等の取得

　　所有権登記名義人等の出生から死亡までの一連の戸籍証明（戸籍謄本、除籍謄本、改製原戸籍謄本等）を取得していきます。その中で判明した相続人については、現在戸籍及び戸籍の附票又は住民票を取得して住所を特定します。

② 　廃棄証明書等の取得

　　数次相続が発生している場合もありますので、登記事項証明書上の所有権登記名義人等の出生まで遡った除籍謄本等は、保存期間の定めによって廃棄されている場合もあります。その場合には、廃棄証明書等を取得しておきます。

　　平成22年6月1日に戸籍法施行規則が改正され、除籍簿の保存期間は保存期間開始年度の翌年から150年（戸籍則5④）となりましたが、従前の80年の保存期間を経過して既に廃棄された除籍簿は交付されません。

4 聞き取り調査

① 調査によって所有権登記名義人が判明したが連絡が取れない場合や、登記記録に記載された内容等の確認が必要な場合、法定相続人の特定ができなかった場合等は、対象となる土地の関係者への聞き取り調査を実施します。

② 所有権登記名義人の親族、民生委員、地区長など集落代表者、近隣住民、共有地である場合には他の共有者等を対象にして調査を行います。

③ 菩提寺で墓標や過去帳などで情報が得られる場合もありますが、個人情報保護取扱いの観点から、調査には慎重を期すことも要求され、知り得た情報の取扱いに十分注意する等調査の目的や調査結果の利用方法を明確にする必要もあります。

5 居住確認調査の方法

所有権登記名義人等の住所や氏名が書面上判明した場合、その所在を特定するために居住確認調査を行います。調査方法には、現地調査と郵送調査があります。

① 現地調査

住所が近隣等である場合、現地へ出向くことが効果的です。

② 郵送調査

住所が遠方である場合等、被調査人宛、簡易書留やレターパックプラス、本人限定郵便等で、居住確認を行います。

③ 調査内容

居住確認で調査する内容は、以下のとおりです。

・住所、生年月日等で土地所有者本人に間違いないか

・現在の住所での居住に間違いないか

・連絡が取れる電話番号の確認

Q&A編　第2章　所有者不明土地への対処　　　65

・他の権利者の存在等の確認
・居住の実態が確認できない場合でも、現地の表札や状況を撮影して記録しておきます。

6　その他

（1）　固定資産課税台帳の調査

　市町村には固定資産の状況及び固定資産税の課税標準である固定資産の価格を明らかにするために固定資産課税台帳が備えてありますが、これによって所有者に関する情報が得られる場合があります。

　固定資産に係る事項の閲覧等ができる者、証明書の交付を受けることができる者は制限されていますが（地税令52の14・52の15）、次のとおり、行政機関が土地の所有者を探索するために必要な公的情報（固定資産課税台帳等）を利用できる制度が創設され、合理化が図られました（所有者不明土地43）。

①　都道府県知事及び市町村長は、地域福利増進事業等の実施の準備のため、土地所有者等を知る必要があるときは、当該土地所有者等の探索に必要な限度で、その保有する土地所有者等関連情報（土地所有者と思料される者の氏名又は名称、住所等）を内部で利用することができる（所有者不明土地43①）。

②　都道府県知事及び市町村長は、地域福利増進事業等を実施しようとする者からその準備のため土地所有者等を知る必要があるとして、土地所有者等関連情報の提供の求めがあったときは、当該土地所有者等の探索に必要な限度で、土地所有者等関連情報を提供するものとする（所有者不明土地43②）。この場合、あらかじめ所在が判明している本人の同意を得なければならない（所有者不明土地43③④）。

③　国の行政機関の長等は、地域福利増進事業等の実施の準備のため土地所有者等を知る必要があるときは、当該土地所有者等の探索に

必要な限度で当該土地に工作物を設置している者等に対し、土地所有者等関連情報の提供を求めることができる（所有者不明土地43⑤）。

（2）　個人情報保護法等で留意すべき点

権利者調査をする上で、個人情報の取扱いについては慎重な配慮が必要ですが、どのような点に注意をしたらよいでしょうか。

①　個人情報（個人情報2①②）

生存する個人に関する情報であって、当該情報に含まれる氏名、生年月日、その他の記述（指紋、DNA、顔の骨格等身体の特徴データ、マイナンバー、パスポートや運転免許証の番号等）により特定の個人を識別することができるものと定義されています。

②　個人情報の取扱い（個人情報17・18・21・27）

・利用、利用目的を特定し、通知又は公表する。利用目的の範囲内でのみ利用する。

・漏えい等が生じないように保管し、委託者等の安全管理を徹底する。

・第三者への提供には、下記以外、原則本人の同意が必要である。

　㋐　警察（刑訴197②）、裁判官（刑訴218）、弁護士会（弁護士23の2）による照会等公的機関からの法令に基づく場合（個人情報27①一）

　㋑　人の生命、身体、財産の保護のために必要な場合で本人の同意を得ることが困難なとき（個人情報27①二）

　㋒　児童虐待の情報など公衆衛生・児童の健全育成に必要な場合、本人の同意を得ることが困難なとき（個人情報27①三）

　㋓　国の機関若しくは地方公共団体又はその委託を受けた者が法令の定める事務を遂行することに対して協力する必要がある場合であって、本人の同意を得ることにより当該事務の遂行に支障を及ぼすおそれがあるとき（個人情報27①四）

③ 個人情報取扱事業者の義務

安全管理措置義務として、データ漏えいに関する適切な措置を講じることが要請されています。

＜住民票の写し等や戸籍の附票の写しによる所有者特定のフロー＞

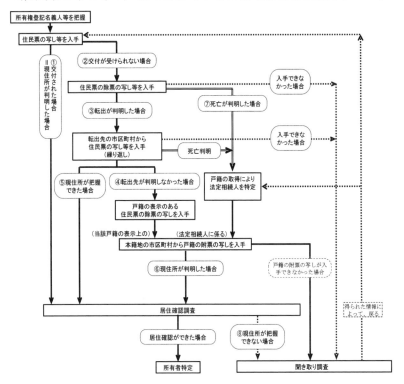

出典：「所有者の所在の把握が難しい土地に関する探索・利活用のためのガイドライン～所有者不明土地探索・利活用ガイドライン～（第3版再補訂）」（令和6年10月）（国土交通省ウェブサイト）を加工して作成

68　Q＆A編　第3章　相続人不存在・不明土地への対処

第3章　相続人不存在・不明土地への対処

〔9〕　相続人不存在の場合における特別縁故者への財産分与
　　　の登記申請手続は？

Q 　同じ町内で何かと生活の面倒を見てきたＡが死亡しました。Ａには相続人がなく、私はＡの葬儀を執り行い、埋葬手続も行いました。私が、特別縁故者としてＡの自宅不動産の財産分与を受け、登記名義を取得するにはどのようにしたらよいでしょうか。

A 　相続財産清算人選任の申立てを行うとともに、相続人としての権利主張をする旨の公告期間満了後3か月以内に、管轄家庭裁判所に財産分与の申立て（民958の2）を行います。仮にＡの自宅不動産を財産分与する旨の審判がされると、確定証明書付審判書謄本等を添付して特別縁故者から所有権移転登記を申請します。

解　説

1　相続財産清算人の選任

　Ａの相続人が戸籍上明らかでないときは、相続人不存在として、Ａの最後の住所地を管轄する家庭裁判所に対して、相続財産清算人の選任を申し立てます（民952）。

2　相続財産清算人選任後の流れ

　管轄家庭裁判所は、相続財産清算人選任後、最低6か月の期間を定めて相続財産清算人の選任、相続人としての権利主張をする旨の公告

Q & A編 第3章 相続人不存在・不明土地への対処　　69

を行います（民952②）。また、相続財産清算人は、上記公告期間の範囲
内で最低2か月の期間を設けて相続債権者、受遺者に対する請求申出
の公告を行います（民957①）。

　相続人のあることが明らかでないとき、相続財産は法人となるため
（民951）、相続財産清算人は、相続財産調査後、Aの不動産がある場合
には、相続人不存在を原因としてA名義から亡A相続財産とする登記
を申請します。この登記申請は、所有権登記名義人氏名変更登記とし
て、相続財産清算人から単独で申請します（昭10・1・14民事甲39）。添付
情報は、登記原因証明情報として相続財産清算人の選任審判書謄本（発
行日から3か月以内のもの）を提供します。

3　特別縁故者に対する相続財産分与

　特別縁故者は、家庭裁判所による、相続人としての権利主張をする
旨の公告期間満了後3か月以内に、家庭裁判所に対して財産分与の申
立てを行います（民958の2）。

　家庭裁判所は、①被相続人と生計を同じくしていた者、②被相続人
の療養看護に努めた者、③その他被相続人と特別の縁故があった者で
あることを審査し、縁故の度合いにより清算後残存すべき相続財産の
全部又は一部を特別縁故者に対して与えることができます。

4　相続財産分与審判後の手続

　特別縁故者は、相続財産分与の審判確定後、被相続人の不動産を自
己の所有とする所有権移転登記手続を行います。この登記申請は審判
によるものなので、判決による登記に準じ、特別縁故者による単独申
請を許容しています（昭37・6・15民事甲1606）。したがって、被相続人の
登記識別情報や相続財産清算人の印鑑証明書を提供する必要はありま

せん。特別縁故者は、登記原因証明情報として、確定証明書付審判書正本、自己の住民票等住所証明情報を提供して登記手続を行います。

　ここで留意すべき点は、審判書正本を提供しなければならないことです。特別縁故者の単独申請を許容しているということは、登記義務者である相続財産清算人の登記申請意思を擬制していることに他なりません。意思表示の擬制（民執177①）は、一種の強制執行であるため、執行文の付された債務名義（本件では財産分与の審判）の正本に基づいて行われます（民執25）。審判書謄本では、登記義務者である相続財産清算人の意思表示が擬制されず、特別縁故者による単独申請ができないことになります。

　その他、特別縁故者への財産分与の登記申請を行うに当たり、前提として、亡Ａ相続財産とする所有権登記名義人氏名変更登記を経由する必要があります（昭10・1・14民事甲39）。この登記申請は、特別縁故者を債権者、確定証明書付審判書正本を代位原因証明情報として、特別縁故者が債権者代位（民423の7）に基づき申請することも可能です。

5　特別縁故者の相続税申告義務

　特別縁故者は、分与額が相続税の基礎控除額（3,000万円）を超過する場合には、財産分与があったことを知った日（通常は審判の確定日）の翌日から10か月以内に相続税の申告、納税を行う必要があります（相税4）。納税額は、相続人でないため、2割加算が適用されます（相税18）。

　留意すべき点は、特別縁故者が、いわゆる法人格なき社団の場合には、このような社団も個人とみなされ相続税の納税義務を負うことです（相基通4−2）。

| Q&A編 | 第3章　相続人不存在・不明土地への対処 | 71 |

書　式

○所有権移転登記申請書

登　記　申　請　書

登記の目的　　所有権移転

原　　　因　　令和○年○月○日民法第958条の2の審判❶

権　利　者　　○市○町○丁目○番○号

（申請人）　　甲山太郎❷

義　務　者　　○市○町○丁目○番○号

　　　　　　　亡A相続財産

添付情報　　　登記原因証明情報（審判書正本確定証明書付）❸

　　　　　　　住所証明情報❹

　　　　　　　代理権限証明情報❺

□登記識別情報の通知を希望しません。

令和○年○月○日申請　○○法務局

代　理　人　　○市○町○丁目○番○号

　　　　　　　司法書士　丙野三郎

　　　　　　　連絡先の電話番号　○○－○○○○－○○○○

課税価格　　　金○円❻

登録免許税　　金○円❼

不動産の表示　　＜省　略＞

＜作成上のポイント＞

❶　原因日付は、相続財産分与の審判の確定日となります。

❷　登記の申請は審判によるものなので、判決による登記に準じ、特別縁故者たる権利者の単独申請となります。

❸　具体的には、相続財産分与の審判書正本、審判の確定証明書が登記原因証明情報となります。審判書謄本では、義務者である相続財産清算人の登記申請意思が擬制されないことに注意する必要があります。

❹ 具体的には、住民票、戸籍の附票、印鑑証明書等が該当します。

❺ 代理人への登記申請委任状となります。

❻ 当該不動産の固定資産評価額より1,000円未満を切り捨てた額となります。

❼ 課税価格に1000分の20（2％）を乗じ（登税別表1－（二）ハ）、100円未満を切り捨てた額となります。

Q&A編　第3章　相続人不存在・不明土地への対処　　73

〔10〕　共有名義人が死亡し、法定相続人がいない場合の共有
　　　持分の取扱いは？

Q　　　私と土地を共有しているＡが死亡しました。Ａには法
定相続人がいないのですが、Ａの共有持分は私に移転さ
れるのでしょうか。

A　　　たとえ法定相続人がいなくとも、遺言による受遺者、
相続債権者、特別縁故者などが優先されるため、これら
の者に対する財産分与などがなされた後に、共有持分が残ってい
た場合になって初めて移転されることになります。
　なお、この場合には遺贈によって取得したものとみなされるた
め、相続税の課税対象となることに留意が必要です。

解　説

1　共有名義人の一人が死亡した場合の共有持分
　死亡した共有者に相続人がいる場合は、当該共有持分は相続財産と
して相続人に引き継がれますが、相続人がいない場合には他の共有者
に帰属するとされています（民255）。
　ただし、法律には適用の順序があり、共有者が死亡し、戸籍上の法
定相続人が存在しなかったとしても、直ちに民法255条の規定が適用
されるわけではありません。法定相続人がいないときは、相続債権者
や受遺者に対する弁済、特別縁故者に対する財産分与を先に行う必要
があります（最判平元・11・24判時1332・30）。そして、特別縁故者の不存
在が確定して初めてＡの共有持分が他の共有者に帰属します。
　なお、区分所有建物であるマンションの敷地は、区分所有者が共有

していますが、専有部分と敷地利用権の分離は原則として禁止されています（区分所有22）。区分所有者に相続が発生し、相続人や受遺者、特別縁故者等がいない場合でも、土地の共有持分は他の共有者に帰属されず、国庫に帰属することになります（区分所有24）。

2　共有持分を帰属させるまでの流れ

共有持分は、遺言による受遺者への遺贈、特別縁故者などに対する財産分与がなされた後に、残余財産として共有持分が残っていた場合に初めて移転されることになります。

具体的な流れは以下のとおりで、帰属までの期間は少なくても9か月はかかるとされています。

① 　家庭裁判所に対する相続財産清算人選任の申立て（民952①）
② 　相続財産清算人選任及び相続人への権利主張の公告（民952②）
　　最低6か月
③ 　相続債権者及び受遺者に対する請求申出の公告（民957①）
　　2か月以上。ただし、その期間は②の期間内とする。
④ 　特別縁故者の財産分与の申立て（民958の2）
　　②の期間満了後3か月以内
⑤ 　分与の審判若しくは申立却下の審判（民958の2）
⑥ 　特別縁故者に対する分与財産の引渡し（民958の2）
⑦ 　共有持分の帰属（民255）・残余財産の国庫への引継ぎ（民959）

令和3年法律24号による改正前の民法では、最低13か月とされていましたが、上記②のとおり清算人選任の公告と相続人への権利主張の公告が一つの公告として6か月となり、相続債権者及び受遺者への公告がその期間内にされることから、4か月ほど期間が短縮されましたので、9か月以上の期間が必要と解されます。

Q＆A編　第3章　相続人不存在・不明土地への対処　75

3　他の共有者の生死、相続人が不明の場合

　他の共有者とは面識がなく、おそらく死亡しているだろうが住民票や戸籍等を調査しても、他の共有者の相続人はもちろん、他の共有者の生死も不明ということも考えられます。

　このような場合の対処としては、所在等不明共有者として、次の手続を検討することになります。

① 所在等不明共有者の持分を共有者に取得させる旨の裁判（民262の2①）

② 所在等不明共有者の持分を特定の者に譲渡する権限を付与する旨の裁判（民262の3①）

③ 不在者の財産管理人の選任申立て（民25①）

4　共有持分を取得した場合の相続税の課税関係

　共有に属する財産の共有者の一人が死亡した場合においてその者の相続人がいないときは、その者に係る持分は、他の共有者がその持分に応じて遺贈により取得したものとして相続税を課税することとされています（相基通9−12）。相続財産の評価時点は、遺贈と同様に相続開始の時となります。

　この場合の相続税は、共有名義人との関係が一親等の血族に該当しないため、相続税の算出税額にその2割を加算した税額が納付税額となります（相税18）。

　相続税の申告期限は以下のとおりです。

① 特別縁故者による財産分与の請求がない場合

　　特別縁故者の財産分与の請求期限の満了の日の翌日から10か月以内となります。

② 特別縁故者の財産分与の請求がある場合

　　分与額又は分与しないことの決定が確定したことを知った日の翌日から10か月以内となります。

5 特別縁故者

　相続人としての権利を主張する者がない場合において、相当と認めるときは、清算後残存すべき相続財産の全部又は一部を特別縁故者に与えることができるとされています（民958の2①）。

　特別縁故者の要件は以下のとおりです。

① 　被相続人と生計を同じくしていた者

　　被相続人と長期間の内縁関係にあった者や事実上の養子関係にあった者が、家計を同じにして生活していた場合には、特別縁故者として認められることがあります。

② 　被相続人の療養看護に努めた者

　　被相続人が亡くなる直前、被相続人の療養や看護のために無償で貢献した人は、特別縁故者として認められる場合があります。

　　なお、介護士・看護師などが有償で療養をしている場合、原則として特別縁故者には該当しませんが、報酬以上の働きをした場合は認められることがあります（神戸家審昭51・4・24判時822・17）。

③ 　被相続人と特別の縁故のあった者

　　被相続人に仕送りなどを長年行い、金銭的援助をした場合や（大阪家審昭39・9・30判タ184・193）、被相続人の身元引受人になり、さらに任意後見人となる契約を締結しており、精神的な拠り所となっていた場合など（鳥取家審平20・10・20家月61・6・112）、遺産を分け与えるのが相当である場合には特別縁故者として認められることがあります。

Q&A編 第3章 相続人不存在・不明土地への対処 77

〔11〕 相続財産法人へ名義変更する際の手続は？

Q 　Aが死亡しましたが、Aには相続人がなく、私がAの相続財産清算人に選任されました。A名義の不動産があるのですが、相続財産法人へ名義変更するにはどうしたらよいのでしょうか。

A 　家庭裁判所発行の相続財産清算人の選任審判書謄本（発行日から3か月以内のもの）を提供し、所有権登記名義人（住所）氏名変更の登記を申請します。

解　説

1　相続財産法人

相続人のあることが明らかでないとき、相続財産は法人となります（民951）。したがって、これを公示するため、相続財産法人への名義変更登記が必要になります。

不動産の国庫帰属や特別縁故者への財産分与登記においても、この相続財産法人への変更登記を省略することはできません（昭10・1・14民事甲39）。

2　登記手続

相続財産法人への変更登記は、一般的には所有権登記名義人氏名変更登記として、相続財産清算人から単独で申請します（昭10・1・14民事甲39）が、遺言執行者がいる場合には相続財産清算人を選任せず遺言執行者が登記をすることもできます（登記研究619・219）。

添付情報は、登記原因証明情報として相続財産清算人の選任審判書

謄本、資格証明情報（不登令7①一ロ）として、同じく選任審判書謄本を
提供します。資格証明情報は、発行日から3か月と定められているた
め（不登令17①）、必然的に選任審判書謄本は発行日から3か月以内の
ものを提供することになります。

なお、選任審判書上①相続人不存在が明らかでないとき、②死亡者
の死亡年月日が明らかでないときには、それぞれの事実を証明する戸
籍（除籍）を提供する必要があります（昭39・2・28民事甲422）。

また、被相続人の最後の住所と、登記簿上の住所が相違するときは、
変更（更正）を証明する住民票、戸籍の附票等を提供します。この場
合の登記の目的は、「所有権登記名義人住所氏名変更（更正）」とし、
住所、氏名変更（更正）の登記中、登記原因を「原因　令和何年何月
何日氏名変更、令和何年何月何日住所移転、令和何年何月何日相続人
不存在」と記載して、同時に申請します。氏名が相違する場合も同様
に処理し、氏名変更（更正）を証明する戸籍（除籍）、登記簿上の名義
人との同一人性を証明するため、住民票、戸籍の附票を提供します。

書　式

○所有権登記名義人氏名変更登記申請書

```
              登 記 申 請 書

登 記 の 目 的    所有権登記名義人氏名変更
原      因      令和○年○月○日相続人不存在❶
変更後の事項     登記名義人
               亡A相続財産❷
申    請    人    ○市○町○丁目○番○号
               亡A相続財産清算人　○○○○
```

| Q & A編 | 第3章　相続人不存在・不明土地への対処 | 79 |

```
添 付 情 報    登記原因証明情報❸
               資格証明情報❹
               代理権限証明情報❺
令和○年○月○日申請　○○法務局
代　理　人    ○市○町○丁目○番○号
               司法書士　丙野三郎
               連絡先の電話番号　○○─○○○○─○○○○
登 録 免 許 税    金○円❻
不動産の表示    〔省略〕
```

＜作成上のポイント＞

❶　原因日付は、被相続人の死亡日となります。

❷　被相続人の最後の住所と登記簿上の住所が合致する時は、住所を記載する必要はありません。

❸　具体的には、相続財産清算人の選任審判書謄本を添付します。選任審判書上、①相続人不存在が明らかでないとき、②死亡者の死亡年月日が明らかでないときには、それぞれの事実を証明する戸籍（除籍）を提供する必要がありますが、稀なケースと考えられます。

❹　相続財産清算人の選任審判書謄本を添付します。登記原因証明情報と異なり、有効期限が3か月であることに注意する必要があります。

❺　代理人への登記申請委任状となります。

❻　対象不動産1個につき1,000円の定額課税となります。

○所有権登記名義人住所氏名変更登記申請書

```
              登 記 申 請 書

登 記 の 目 的    所有権登記名義人住所氏名変更
原　　　　因    令和○年○月○日相続人不存在❶
変更後の事項    登記名義人
               ○市○町○丁目○番○号❷
               亡A相続財産
```

```
申　　請　　人　　○市○町○丁目○番○号
　　　　　　　　　亡Ａ相続財産清算人　○○○○
添　付　情　報　　登記原因証明情報❸
　　　　　　　　　資格証明情報
　　　　　　　　　代理権限証明情報
令和○年○月○日申請　○○法務局
代　　理　　人　　○市○町○丁目○番○号
　　　　　　　　　司法書士　丙野三郎
　　　　　　　　　連絡先の電話番号　○○－○○○○－○○○○
登 録 免 許 税　　金○円
不動産の表示　　　〔省略〕
```

＜作成上のポイント＞

❶　登記原因について、住所移転日を記載する必要はありません（記録例195）。これにより、昭和32年3月22日民甲423号は変更されたものと考えられます。

❷　変更後の事項として、最後の住所も記載します。

❸　相続財産清算人の選任審判書謄本のほか、登記簿上の住所から最後の住所への住所移転を証明する住民票又は戸籍の附票を添付します。

Q & A編 第3章 相続人不存在・不明土地への対処 81

〔12〕 相続人不存在の土地を差し押さえる前提として相続財
産法人名義への登記を代位申請できるか？

Q 被相続人Ａは土地を所有していますが、固定資産税を
滞納しているため、この土地を差し押さえる必要があり
ます。Ａの戸籍を調査したところ相続人はなく、官報を調査した
ところ、Ａの相続財産清算人が選任されていることが判明しまし
た。差押えの前提として相続財産法人の登記を代位申請できる
のでしょうか。

A 差押調書の謄本又は滞納税金の存することを証する情
報を代位原因証明情報として提供し、併せて相続財産清
算人の選任審判書謄本を登記原因証明情報として提供すること
によって、債権者代位権に基づく代位申請が可能です。

解 説

1 債権者代位による登記

登記申請の却下事由として、「登記義務者の氏名若しくは名称又は
住所が登記記録と合致しないとき」が定められています（不登25七）の
で、差押えの前提として相続財産法人への氏名変更登記が必要になり
ます。

このような場合、「登記又は登録の請求権を保全するための債権者
代位権」（民423の7）が規定されており、債権者は債務者の住所変更登
記や相続財産法人への変更登記を債権者として代位登記することが可
能です。

82　Q＆A編　第3章　相続人不存在・不明土地への対処

2　相続財産清算人の選任審判書謄本の請求

　利害関係人は、利害関係を証明して、管轄家庭裁判所の裁判所書記官に対して家事審判事件の記録の閲覧・謄写、正本・謄本の交付を請求することができます（家事47①）。本事例では、差押調書の謄本又は滞納税金の存することを証する書面を添付し、相続財産清算人の選任審判書謄本を請求します。

3　登記手続

　差押債権者は、登記原因証明情報として、入手した選任審判書謄本を提供し、差押調書の謄本又は滞納税金の存することを証する情報を代位原因証明情報（不登令7①三）として提供することにより、相続財産法人への「所有権登記名義人氏名変更登記」を申請（嘱託）します。

　この場合、選任審判書謄本は、資格証明情報としての機能を有しませんので、有効期限はありません。

書　式

〇所有権登記名義人氏名変更登記嘱託書

```
　　　　　　　　　　登 記 嘱 託 書

登 記 の 目 的　　所有権登記名義人氏名変更
原　　　　因　　令和○年○月○日相続人不存在
変更後の事項　　登記名義人
　　　　　　　　亡A相続財産
（被代位者）　　○市○町○丁目○番○号
　　　　　　　　亡A相続財産
代　位　者　　○○市
```

Q&A編	第3章　相続人不存在・不明土地への対処	83

代 位 原 因　　　令和○年○月○日滞納処分の差押
添 付 情 報　　　登記原因証明情報❶　代位原因証明情報❷
　　　　　　　　　代理権限証明情報❸
令和○年○月○日嘱託　○○法務局
代　理　人　　　○市○町○丁目○番○号
　　　　　　　　　司法書士　丙野三郎
　　　　　　　　　連絡先の電話番号　○○−○○○○−○○○○
登 録 免 許 税　　　登録免許税法第5条第1号❹
不動産の表示　　　〔省略〕

＜作成上のポイント＞

❶　具体的には、相続財産清算人の選任審判書謄本を添付します。

❷　代位原因証明情報として差押調書の謄本、滞納税金の存することを証
する情報を提供します。

❸　代理人への登記嘱託委任状となります。

❹　地方公共団体の代位登記は非課税のため、根拠条文を記載します。

第4章　その他

〔13〕　共有状態にある土地の地積更正・分筆を、共有者の一
　　　　人の申請で行えるか？

Q　　共有状態にある土地の地積更正登記・分筆登記の申請
を、共有者の一人から行うことはできますか。

A　　地積更正登記は、共有者の一人から申請することが可
能です。分筆登記は、共有者の一人の持分の価格の合計
が過半数以上であれば、共有者の一人から申請することが可能で
す。

解　説

1　地積とは

　不動産登記法上、土地の面積のことを地積（不登2二十九）といいます。
地目が宅地・鉱泉地の土地及び面積が10㎡以下の土地は、小数点第2
位までの数値を、それ以外の土地は小数点以下の数値を切り捨てて表
示します（不登規100）。

　登記簿上の地積は、現況の地積と必ずしも一致しているとは限りま
せん。これは明治時代に実施された地租改正事業、全国地押調査事業
等の調査結果を基にした情報がそのまま登記簿上に残っていること等
が原因です。

　昔は縄で測量していたことに由来し、登記簿上の地積が現況の地積
よりも大きいことを「縄縮み」（例えば、1mの縄が50cmに縮んだ状態
で、10mを測ると20mになります。）、登記簿上の地積が現況の地積よ

りも小さいことを「縄伸び」(例えば、1mの縄が2mに伸びた状態で、10mを測ると5mになります。) といいます。

登記簿上の地積と現況の地積が異なる場合に、現況の地積を登記簿に反映させて、登記簿上の地積と現況の地積を合致させる登記のことを、地積更正登記といいます。

2 固定資産税と地積の関係

固定資産の評価基準となる地積の認定は、原則として登記簿上の地積で、例外として現況の地積で行います (固定資産評価基準1章1節二)。

例外として現況の地積で固定資産の評価基準となる地積の認定をする場合とは、登記簿上の地積が現況の地積よりも大きい (縄縮み) 場合、登記簿上の地積が現況の地積よりも小さい (縄伸び) ときで、登記簿上の地積に基づく課税が著しく不適当な場合等です。

著しく不当でない限り、登記簿上の地積に基づいて少なく課税されることを許容し、現況の地積に基づいて少なく課税されることを認めている取扱いを、納税者有利の原則といいます。

3 分筆とは

土地の登記記録は、「一筆の土地〔中略〕ごとに」(不登2五) 作成されます。筆は、土地を数えるときの単位です。諸説ありますが、一筆の土地が一筆書きで記すことができることに由来していると言われています。「筆」の読み方は本来、「ふで」ではなく「ひつ」ですが、「ふで」と読まれることが多いです。

土地の分筆の登記とは、一筆の土地を複数の土地とする登記を意味します。分筆の登記を申請する場合において、分筆前の地積と分筆後の地積の差が、分筆前の地積を基準にして不動産登記規則77条5項(不動産登記規則10条4項、国土調査法施行令別表第4) の規定による地

積測量図の誤差の限度内であるときは、地積に関する更正の登記の申請を要しません（不登準則72①）。もっとも、この誤差の限度を超えるときには、地積更正登記が必要になります。

4　地積更正登記、分筆登記の添付書面

地積更正登記、分筆登記の添付書面として地積測量図が挙げられます（不登令別表⑥・⑧）。

また、地積更正登記、分筆登記を行うためには、対象土地の区画を把握するため、隣地との筆界の認定が必要であることから、法定の添付書面ではないのですが、実務では筆界確認情報が求められています。筆界確認情報とは、申請者と隣地の所有者とが筆界の位置を確認して互いの認識が一致したときに、その確認結果を書面等に記録したものです。隣地の所有者全員の立会いが必要になるのですが、隣地の所有者が亡くなって相続が発生していたときには、原則として相続人全員の立会いが必要とされています。また、筆界確認情報に隣地所有者の押印や印鑑証明書の添付が求められることもあります。

令和4年10月1日より、所有者不明土地対策のための筆界認定に関する表示登記の運用が見直されることになりました（令4・4・14民二535、令4・4・14民二536）。この見直しでは、登記官の調査によって境界が明確と認められる場合（精度の高い地図がある場合等）には、筆界確認情報の提供を求めないこととなりました。また、隣地の所有者が亡くなって相続が発生したときは、相続人全員ではなく、相続人のうち現に占有する者のみで足りるとするなど、筆界確認情報を求める範囲を必要最小限にするようになりました。さらに、筆界確認情報に隣地所有者の押印や印鑑証明書の添付は求めないこととされました。もっとも、実務では依然として筆界確認情報は基本的に添付する書類であることは変わっていないようです。

5　共有者の一人からの地積更正登記申請の可否

　不動産の表示に関する登記は、権利の客体である不動産の物理的な状況を登記簿に記載し、これを公示することによって、国民の権利の保全を図り、もって取引の安全と円滑に資することを目的としています（不登1）。

　表示に関する登記は、機能的には報告的登記と、形成的登記に大別されます。報告的登記とは、不動産の物理的状況の変化に応じて行う事後報告的な登記のことをいいます。形成的登記とは、不動産の物理的状況には何ら変化は起こらないが、登記をすることによって、その効力が生じる登記のことをいいます。

　地積更正登記は、報告的登記に該当します。報告的登記は、表示登記制度の性質からも、申請者側の便宜の点からも、保存行為（民252⑤）として、不動産の共有者の一人から申請することができるものと考えられています。

　よって、共有者の一人から地積更正登記を申請することができます。

6　共有者の一人からの分筆登記申請の可否

　これに対して、分筆登記は、形成的登記に該当します。そのため従来は、共有者の一人から分筆登記をすることができないと解されていましたが、令和3年の民法改正（令和5年4月1日施行）により、共有者が共有物に変更を加える行為であっても、その形状又は効用の著しい変更を伴わないもの（以下「軽微変更」といいます。）については、各共有者の持分の価格に従い、その過半数で決することとされました（民251①・252①）。

　そして、分筆の登記については、軽微変更に該当し、分筆の登記を申請しようとする土地の表題部所有者又は所有権の登記名義人（不登39①）の持分の価格に従い、その合計が過半数となる場合には、これら

の者が登記申請人となって分筆の登記を申請することができ、それ以外の共有者らが登記申請人となる必要はないということになりました（令5・3・28民二533）。

　よって、共有者の一人から土地分筆登記を申請することができます。

【国土調査法施行令別表第4】

別表第4　一筆地測量及び地積測定の誤差の限度（第15条関係）

精度区分	筆界点の位置誤差		筆界点間の図上距離又は計算距離と直接測定による距離との差異の公差	地積測定の公差
	平均二乗誤差	公差		
甲1	2cm	6cm	$0.020\,\mathrm{m} + 0.003\sqrt{S}\,\mathrm{m} + \alpha\,\mathrm{mm}$	$(0.025 + 0.003\sqrt[4]{F})\sqrt{F}\,\mathrm{m}^2$
甲2	7cm	20cm	$0.04\,\mathrm{m} + 0.01\sqrt{S}\,\mathrm{m} + \alpha\,\mathrm{mm}$	$(0.05 + 0.01\sqrt[4]{F})\sqrt{F}\,\mathrm{m}^2$
甲3	15cm	45cm	$0.08\,\mathrm{m} + 0.02\sqrt{S}\,\mathrm{m} + \alpha\,\mathrm{mm}$	$(0.10 + 0.02\sqrt[4]{F})\sqrt{F}\,\mathrm{m}^2$
乙1	25cm	75cm	$0.13\,\mathrm{m} + 0.04\sqrt{S}\,\mathrm{m} + \alpha\,\mathrm{mm}$	$(0.10 + 0.04\sqrt[4]{F})\sqrt{F}\,\mathrm{m}^2$
乙2	50cm	150cm	$0.25\,\mathrm{m} + 0.07\sqrt{S}\,\mathrm{m} + \alpha\,\mathrm{mm}$	$(0.25 + 0.07\sqrt[4]{F})\sqrt{F}\,\mathrm{m}^2$
乙3	100cm	300cm	$0.50\,\mathrm{m} + 0.14\sqrt{S}\,\mathrm{m} + \alpha\,\mathrm{mm}$	$(0.50 + 0.14\sqrt[4]{F})\sqrt{F}\,\mathrm{m}^2$

備考
一　精度区分とは、誤差の限度の区分をいい、その適用の基準は、国土交通大臣が定める。
二　筆界点の位置誤差とは、当該筆界点のこれを決定した与点に対する位置誤差をいう。
三　Sは、筆界点間の距離をメートル単位で示した数とする。

四　αは、図解法を用いる場合において、図解作業の級が、A級であるときは0.2に、その他であるときは0.3に当該地籍図の縮尺の分母の数を乗じて得た数とする。図解作業のA級とは、図解法による与点のプロットの誤差が0.1ミリメートル以内である級をいう。

五　Fは、一筆地の地積を平方メートル単位で示した数とする。

六　mはメートル、cmはセンチメートル、㎜はミリメートル、㎡は平方メートルの略字とする。

【誤差の限度の例（単位は㎡）】

	甲1	甲2	甲3	乙1	乙2	乙3
100㎡	0.35	0.82	1.63	2.26	4.71	9.43
200㎡	0.51	1.24	2.48	3.84	7.26	14.52
300㎡	0.65	1.59	3.17	4.62	9.38	18.75

　例えば、市街地地域（甲2まで）で、登記簿面積が100㎡で市街の場合、±0.82㎡内であれば誤差の限度内です。

90　　Q&A編　第4章　その他

〔14〕　共有物の変更・管理について決定する裁判手続はどの
　　　ように行うのか？

Q　　私が共有している農地があります。この農地を宅地に
　　　造成したいのですが、共有者のうちの一人の住所・居所
を知ることができない状態です。また、私が共有している共同住
宅があります。この建物の外壁について大規模修繕の工事を行
いたいのですが、共有者のうちの一人の住所・居所を知ることが
できない状態です。このように所在を知ることができない共有
者がいる場合において、共有物の変更・管理について決定する裁
判手続はどのように行うのでしょうか。

A　　共有物に変更を加える場合には他の共有者の同意が必
　　　要であるため、当該不動産の所在地を管轄する地方裁判
所に対して、所在等不明共有者以外の共有者による変更・管理の
裁判の申立てをすることができます。

解　説

1　農地を宅地に造成することが共有物の変更に当たる場合

　農地を宅地に造成することが共有物の変更に当たる場合には、共有
者全員の同意が必要となります（民251①）。

　共有物の変更に当たる場合において、共有者が他の共有者を知るこ
とができず、又はその所在を知ることができないときは、裁判所は、
共有者の請求により、当該他の共有者以外の他の共有者の同意を得て
共有物に変更を加えることができる旨の裁判をすることができます
（民251②）。

この他に民法252条4項に掲げる期間を超える賃借権や地上権等を設定することは共有物の変更に当たるとされています（村松秀樹＝大谷太編『Q＆A令和3年改正民法・改正不登法・相続土地国庫帰属法』60頁・73頁（金融財政事情研究会、2022）参照）。

2 建物の外壁について大規模修繕の工事を行うことが共有物の管理に当たる場合

建物の外壁について大規模修繕の工事を行うことが共有物の管理に当たる場合には、共有者の持分の価格の過半数で決する必要があります（民252①）。

共有物の管理に当たる場合には、共有者が他の共有者を知ることができず、又はその所在を知ることができないときは、裁判所は、当該他の共有者以外の共有者の請求により、当該他の共有者以外の共有者の持分の価格に従い、その過半数で共有物の管理に関する事項を決することができる旨の裁判をすることができます（民252②一）。共有者が他の共有者に対し相当の期間を定めて共有物の管理に関する事項を決することについて賛否を明らかにすべき旨を催告した場合において、当該他の共有者がその期間内に賛否を明らかにしないときも同じです（民252②二）。

この他に民法252条4項に掲げる期間を超えない短期の賃借権や地上権等を設定することは共有物の管理に当たるとされています（村松＝大谷・前掲60頁参照）。

3 所在等不明共有者がいる場合の共有物変更・管理の申立ての裁判の手続

共有者が他の共有者を知ることができず、又はその所在を知ることができない場合には、対象となる共有物について持分を有する共有者

（民251②・252②一）及び変更の裁判に係る対象物の共有物の管理者（民252の2②）は、裁判所に対し、当該所在等不明共有者を除く共有者によって、申立てにおいて特定された変更・管理行為を可能とする旨の裁判をするよう求める手続を申し立てることができます。

裁判の申立先は、対象となる共有物の所在地を管轄する地方裁判所（非訟85①）となります。

手続にかかる費用としては、申立手数料として収入印紙1,000円（民訴費別表1⑯）、官報公告費用、郵便切手が必要になります。

添付書類としては、不動産の調査が必要となるため不動産の登記簿、所在等不明共有者以外の共有者による変更・管理の裁判においては、共有者が他の共有者を知ることができず、又はその所在を知ることができないときの要件とされているので、所有者・共有者の探索等に関する報告書、共有者の所在等が不明であることを裏付ける関係資料として共有者が個人の場合には住民票や戸籍謄本、法人の場合には商業、法人の登記簿、商業、法人の登記簿に記載された代表者の住民票、返却された郵便物、捜索願、他の共有者から聴取した書面等が考えられます。

4　裁判の効果

所在等不明共有者以外の共有者による変更の裁判がされた場合には、当該所在等不明共有者以外の他の共有者の同意を得て農地を宅地に造成することができるようになります。

所在等不明共有者以外の共有者による管理の裁判がされた場合には、当該所在等不明共有者以外の共有者の持分の価格に従い、その過半数で建物の外壁について大規模修繕の工事を行うことができるようになります。

注意を要するのは、裁判の効果は、当該所在等不明共有者以外の他

の共有者の同意を得て農地を宅地に造成することができるようになること、当該所在等不明共有者以外の共有者の持分の価格に従い、その過半数で建物の外壁について大規模修繕の工事を行うことができるようになることであり、農地を宅地に造成するためには、実際に、当該所在等不明共有者以外の他の共有者の同意を得る必要があり、建物の外壁について大規模修繕の工事を行うためには、実際に、当該所在等不明共有者以外の共有者の持分の価格に従い、その過半数で決定する必要があることです。

　裁判を得た場合であっても、前者において当該所在等不明共有者以外の他の共有者の同意を得ることができない、後者において当該所在等不明共有者以外の共有者の持分の価格に従い、その過半数で決定することができなかったときには、農地を宅地に造成することや、建物の外壁について大規模修繕の工事を行うことはできません。

5　所在等不明共有者の所在等が判明した場合

　所在等不明共有者の所在等が判明した場合には、判明した時期により分けて考える必要があります。

　所在等不明共有者の所在等が裁判手続の準備中に判明した場合には、手続の要件を満たしませんので、申立てを行うことができないことは明らかです。

　裁判を得て当該所在等不明共有者以外の他の共有者の同意を得て変更行為を実施した後、当該所在等不明共有者以外の共有者の持分の価格に従い、その過半数で決定して管理行為を実施した後に、所在等不明共有者の所在等が判明した場合においては、実施された変更行為や管理行為は、適法であり、有効であることも明らかでしょう。

　裁判を得た後、当該所在等不明共有者以外の他の共有者の同意を得たが変更行為を実施する前、当該所在等不明共有者以外の共有者の持

分の価格に従い、その過半数で決定したが管理行為を実施する前に所在等不明共有者の所在等が判明した場合においては、裁判を得た共有者が、所在等不明共有者の同意を得ることなく、当該変更行為や管理行為を実施することは、信義則に反し、又は権利の濫用に該当するものとして、違法であると解されています（村松＝大谷・前掲74頁）。

6 登 記

（1） 共有物の変更

1の共有物の変更に当たる民法252条4項に掲げる期間を超える賃借権等を設定する場合において登記を申請するときには、次のとおりとされています（令5・3・28民二533第一2（2）（3））。

① 申請人

　所在等不明共有者以外の共有者全員が登記申請人となり所在等不明共有者は登記申請人とはなりません。

　しかし、登記義務者として登記申請人とならない所在等不明共有者の氏名又は名称及び住所を申請情報の内容とする必要はあります（不登令3十一イ）。

② 登記原因証明情報

　確定裁判に係る裁判書の謄本及び請求を行った共有者が所在等不明共有者以外の他の共有者全員の同意を得て当該不動産に民法252条4項に掲げる期間を超える賃借権等を設定したこと（所在等不明共有者以外の共有者全員が契約当事者になる場合と、その一部が契約当事者になる場合があります。）を証する情報

③ 登記完了後の通知

　所在等不明共有者に対して登記が完了した旨を通知することを要しません。

（2） 共有物の管理

2の共有物の管理に当たる民法252条4項に掲げる期間を超えない短期の賃借権等を設定する場合において登記を申請するときには、次のとおりとされています（令5・3・28民二533第一3（2）（3））。

① 申請人

過半数による決定を行った共有者全員が契約当事者になる場合と、その一部が契約当事者になる場合があるので、これに基づいて当該短期の賃借権等の設定の登記を申請する場合には、各共有者の持分の価格に従い、その過半数を有する共有者らが登記申請人となれば足ります。

登記義務者として登記申請人とならなかった共有者らの氏名又は名称及び住所を申請情報の内容とする必要があります（不登令3十一イ）。

② 登記原因証明情報

過半数で決するところにより短期の賃借権等が設定されたことを証する情報

③ 登記完了後の通知

登記官は登記の完了後、登記申請人にならなかった共有者全員に対し、不動産登記規則183条1項2号に基づき他人に代わってする申請に基づく登記を完了した場合に当該他人に登記が完了した旨を通知するものとするとされています。不動産登記規則183条2項の規定では、通知を受けるべき者が2人以上あるときは、その1人に対し通知すれば足りるとされていますが、この規定にかかわらず、登記申請人にならなかった共有者全員に通知することとされています。

書　式

○所在等不明共有者共有物管理決定申立書

所在等不明共有者共有物管理決定申立書

令和○年○月○日

○○地方裁判所　御中

申立人　○○○○　　㊞

貼用印紙　１，０００円

予納郵券　○○○○円

第１　当事者の表示
　　　別紙当事者目録記載のとおり

第２　申立ての趣旨
　　　所在等不明共有者以外の共有者は、別紙共有物目録記載の共有物について、所在等不明共有者以外の共有者の持分の価格に従い、その過半数で別紙管理行為目録記載の行為をすることを決することができる
　　との裁判を求める。

第３　共有物の表示
　　　別紙共有物目録記載のとおり

第４　共有物の共有者（申立人を除く。）
　　　別紙共有者目録記載のとおり

第５　申立ての原因
　１　所在等不明共有者の所在等が不明となった経緯及びその探索状況等
　（１）　所在等不明共有者の所在等が不明となった経緯
　　　　別紙共有物目録記載の共有物（以下「本件建物」という。）は、申立人の父親であるＡと父親の弟Ｂの共有物として平成２０年７月８日に新築された賃貸用の共同住宅でありＡ持分２分の１、Ｂ持分２分の１として登記された（資料番号１）。

Q&A編　第4章　その他　97

　　　本件建物は、賃貸物件として運用しているが、平成28年
　3月8日にAは死亡し、A持分2分の1については、Aの相
　続人である申立人とCが各持分2分の1の割合で相続するこ
　ととする遺産分割協議が成立し、申立人持分4分の1、C持
　分4分の1、B持分2分の1として登記されている（資料番
　号1）。
　　　不定期に申立人の家に訪れるBであるが、令和3年4月頃
　を最後に申立人の元へ訪れることがなくなった。
　　　Bは縁日や盛り場などの人通りの多いところで露店や興行
　を営む職業であり、携帯電話を持つこともなく、心当たりの
　ある友人もいないため、連絡が付かない。
　　　Bの住所及び居所は不明であり、Bの住民票を調査したと
　ころ平成28年3月1日に職権消除されている（資料番号2）。
（2）　所在等不明共有者の探索状況等
　　　　別添「所有者・共有者の探索等に関する報告書」のとおり
2　予定している管理行為の内容
　　別紙管理行為目録記載のとおり
3　本申立てに至った経緯・動機
　　建物の外壁の老朽化により雨漏りがする部屋があり、建物の構
　造内部を雨水が伝う状況、錆による水切り金具の腐食による金具
　の交換、アンテナケーブルや電話線のシーリング部分の補修等の
　大規模修繕の工事を早期に行う必要がある。
4　よって、申立ての趣旨記載の裁判を求める。
添付書類
　1．登記事項証明書
　2．所有者・共有者の探索等に関する報告書

（別　紙）
　　　　　　　　当　事　者　目　録
　　　　　　　　　　〔省略〕

（別　紙）

共　有　物　目　録

〔省略〕

（別　紙）

管　理　行　為　目　録

　本件建物について別紙○○○○邸修繕の工事計画書に記載の外壁修繕、水切り金具の交換、アンテナケーブル及び電話線のシーリング部分の補修工事を行う。

（別　紙）

共有者目録

住居所不明
　（最後の住所）○県○市○町○丁目○番○号
　　　　　　所在等不明共有者　　　　　B
〒○○○−○○○○　　○県○市○町○丁目○番○号
　　　　　　共有者　　　　○○○○
〒○○○−○○○○　　○県○市○町○丁目○番○号
　　　　　　共有者　　　　C

（東京地方裁判所ホームページを参考に作成）

〔15〕 相続人が戦前に失踪している場合は？

 相続人が戦前に失踪している場合は、通常の手続とどのような点が違いますか。

戦前は旧民法の時代であり、旧民法の時には相続の形態として家督相続と遺産相続の2種類の相続形態がありました。相続人が失踪している場合には、家督相続人が失踪した場合と遺産相続人が失踪した場合により効果が違いますので、以下解説において説明します。

解　説

1　旧民法における相続

　昭和20年8月15日に戦争は終結し、昭和22年5月3日の日本国憲法の施行後の昭和23年1月1日に新民法が施行されることとなりますが、新民法が施行される前は旧民法が相続について規定していました。なお、新憲法の精神からは家制度（家督相続制度）は相容れないものとされていますので、昭和22年5月3日から12月31日までの間は、新民法が施行される前ではありますが旧民法を適用することができないので、そのための応急措置法が適用されることとなります。

　旧民法の相続規定については家督相続と遺産相続の手続がありましたが、相続登記においてはほとんどの場合、不動産を所有している人は戸主であったため、家督相続を登記原因とする相続の場合、相続登記の主流であったとされています。

　しかし、長男が戸主であった場合に、弟が所有する不動産については戸主ではない家族が所有する不動産ということですから、遺産相続となります。

家督相続とは、家財を構成する財産を戸主の地位が承継することにより、新しい戸主が家督を相続し、当該家財も承継するということなので、家督相続人は一人ということになります。しかし、遺産相続の場合には、現行法のように配偶者は常に相続人となるわけではなく、第二順位の相続人となりますが、同順位の共同相続人がいる場合は複数の相続人が遺産を相続することとなります。

2　相続人と相続分の変遷

相続人と相続分については、時代により以下のように変遷がありますので、死亡の時期により相続人と相続分を確認しなければなりません。

期　　間	相続人	相続分
新民法 現在～ 昭和56年1月1日	第1　子 第2　直系尊属 第3　兄弟姉妹 ※配偶者は常に 　相続人	配偶者（1/2）、子（1/2） 配偶者（2/3）、直系尊属（1/3） 配偶者（3/4）、兄弟姉妹（1/4） ※兄弟姉妹は子のみ代襲
新民法 昭和55年12月31日～ 昭和23年1月1日	第1　子 第2　直系尊属 第3　兄弟姉妹 ※配偶者は常に 　相続人	配偶者（1/3）、子（2/3） 配偶者（1/2）、直系尊属（1/2） 配偶者（2/3）、兄弟姉妹（1/3） ※兄弟姉妹も代襲あり
応急措置法 昭和22年12月31日～ 昭和22年5月3日	第1　直系卑属 第2　直系尊属 第3　兄弟姉妹 ※配偶者は常に 　相続人	配偶者（1/3）、直系卑属（2/3） 配偶者（1/2）、直系尊属（1/2） 配偶者（2/3）、兄弟姉妹（1/3） ※兄弟姉妹は代襲なし

旧民法 昭和22年 5月2日 ～	遺産相続	第1　直系卑属 第2　配偶者 第3　直系尊属 第4　戸主
	家督相続	家督相続人（家督相続人の順位は後記）

「家督相続人の順位」

第1	第1種の法定推定家督相続人	同一戸籍の直系卑属（旧民法970条～974条）
第2	指定の家督相続人	戸主から指定（旧民法979条1項）
第3	第1種選定の家督相続人	選定される（旧民法982条～983条）
第4	第2種の法定推定家督相続人	家族たる直系尊属（旧民法984条）
第5	第2種選定の家督相続人	親族会が選定（旧民法985条）

　上記のとおり家督相続人は一人ですが、その順位は法律により定まっており、家督相続の原因も死亡以外にも隠居等によって相続が開始される場合もありました。それに対し遺産相続の場合は、現行法と同様、死亡のみが相続の開始原因とされています。本事案においては失踪ということですから、失踪宣告による死亡が原因ということになります。

3　新民法・旧民法と応急措置法の関係

　旧民法時代は家制度があったので、家を守る者として戸主がいて、家の財産は全て戸主名義の財産となっていました。したがって、戸主に相続が開始すると、家の承継者としての家督相続人一人のみに家長

としての地位と家の財産が承継されることになります。

しかし、戸主以外の家族には固有の私有財産を認めていましたので、その私有財産については所有者の死亡により遺産相続が開始します。ただし、その遺産相続人は、配偶者も含めて順位が定められている点が現在の相続とは違います。

その後、新憲法の施行から新民法の施行までの間は、家制度を廃止した応急措置として時限立法された応急措置法が適用されることとなり、そして、新民法が施行され、昭和56年に相続分の変更がされることとなります。

4 旧民法における失踪宣告

旧民法においても失踪宣告の制度はあり、普通失踪と特別失踪の2種類の失踪宣告の制度があったのは現行法と同様です。しかし、昭和37年法律40号による改正前の特別失踪については、3年の期間満了により死亡の効果が発生することとされていました。昭和37年の法律改正後は、3年の期間が1年に短縮され、死亡の時期は現在の失踪宣告制度と同様に、危難が去ったときとされました。

したがって、戦前に失踪している者については旧失踪宣告制度が適用されそうですが、明治37年法律40号附則2項により、「この法律による改正後の民法は、この法律の施行前に生じた事項にも適用する。ただし、従前の民法によつて生じた効力を妨げない。」と規定されているので、改正後に申し立てられた失踪宣告の効果は、新法が適用されることとなります（昭37・1・26民事甲74参照）。

5 考え得る登記方法

戦前に失踪しているということですから、現段階においても失踪宣告を申し立てることは可能ですが、時効取得による所有権移転を検討

することも有用です。

失踪宣告の場合には、死亡の効果により相続が発生しますが、戦前の相続の場合には、上記のとおり家督相続が開始することになります。しかし、昭和23年以降にさらに相続開始していると考えられますので、相続人の数は相当数になることが考えられます。その相続人を相手に、遺産分割協議等により相続財産をまとめようとすると、非常に困難な問題が生じることとなります。

まず第一に、相続人が多数であること、その他多数の相続人の中には行方不明者がいる場合や、心神耗弱や心神喪失の状況にある相続人も存在する場合が考えられますので、時効取得の要件を満たしている場合には、時効所得を主張した方が簡易に所有権移転登記を申請することができる場合があると思われます。

〔16〕 外国人が日本の不動産を取得することに法律上の制限はあるか？

Q 外国人が日本の不動産を取得することに法律上の制限はありますか。

A 外国人の土地所有権については、明治6年太政官布告18号11条により、外国人は日本の土地の所有権を取得することはできませんでしたが、大正14年の「外国人土地法」によって外国人も原則として、土地所有権を取得することを認められました。

解 説

1 外国人の権利能力

外国人は、法令又は条約の規定により禁止される場合を除き、私権を享有する（民3②）こととされていますので、原則として外国人も権利義務を取得することが可能です。それでは、法令又は条約の規定により禁止される場合があるかどうかについて検討しますと、時代の変遷により変化があります。

「明治6年太政官布告18号」の11条では「地所ハ勿論地券ノミタリトモ外国人ヘ売買質入書入等致シ金子請取又ハ借受候儀一切不相成候事」と規定しています。

太政官布告とは、法律ができる以前の明治時代初期に最高官庁として設置された太政官によって公布され、当時の慣習を成文化したものとされていますが、統一した成文法ではなく、日々出される通達のようなものでした。

| Q&A編 | 第4章　その他 | 105 |

日本では、この太政官布告により外国人が日本の土地を取得することが禁止されていました。

その後、明治43年の「外国人の土地所有権に関する法律」（明治43年法律51号）により「明治6年太政官布告18号」は廃止され、「外国人の土地所有権に関する法律」も大正15年の「外国人土地法」（大正14年法律42号）の施行に伴い廃止されることとなりました（外国人土地法附則9）。

なお、外国人の土地所有権に関する法律は、比較的に制限が多く、およそ実情に即さないという理由から実施されないままで終わったとされるので（登記研究227・19）、実質的に外国人が日本の土地の所有権を取得することができることとなったのは、大正15年の外国人土地法の施行からということになります。

もっとも、外国人土地法でも「帝国臣民又ハ帝国法人ニ対シ土地ニ関スル権利ノ享有ニ付禁止ヲ為シ又ハ条件若ハ制限ヲ附スル国ニ属スル外国人又ハ外国法人ニ対シテハ勅令ヲ以テ帝国ニ於ケル土地ニ関スル権利ノ享有ニ付同一若ハ類似ノ禁止ヲ為シ又ハ同一若ハ類似ノ条件若ハ制限ヲ附スルコトヲ得」（1条）、「国防上必要ナル地区ニ於テハ勅令ヲ以テ外国人又ハ外国法人ノ土地ニ関スル権利ノ取得ニ付禁止ヲ為シ又ハ条件若ハ制限ヲ附スルコトヲ得、前項ノ地区ハ勅令ヲ以テ之ヲ指定ス」（4条）としているので、相互主義によりある国が日本人（法人を含みます。）に対して土地に関する権利の享有を禁止し、又は条件若しくは制限を付しているときは、当該国の国民（法人を含みます。）に対し「勅令」をもって、同一若しくは類似の措置をとることができ、日本の国防上必要な地区については外国人が土地に関する権利を取得することを禁止し、又は条件若しくは制限を付することができることとされていますが、現在までその禁止や条件若しくは制限が課されたことはないようです。

なお、令和３年に「重要施設周辺及び国境離島等における土地等の利用状況の調査及び利用の規制等に関する法律」が成立し、「注視区域」や「特別注視区域」を定めているほか、国が土地や建物の所有者の氏名や国籍、賃借権を調査できたり、所有者が外国と関係が深い場合、利用目的の報告を求めることができますが、外国人の土地所有権を制限するものではありません。

| Q&A編 | 第4章　その他 | 107 |

〔17〕　登記に必要な書類を取得することができない場合は？

Q 　登記手続の必要書類一覧を確認したところ、取得できない書類があります。この場合、どのようにすればいいのでしょうか。

A 　上申書や、判決等、他の書類等で補ったり、代替することができる場合があります。

解　説

　登記手続の必要書類には、様々なものがありますが、ここでは主な書類として、登記済証・登記識別情報通知、印鑑証明書、登記原因証明情報、住民票及び戸籍を取り上げます。

1　登記済証・登記識別情報通知がない場合

　登記済証・登記識別情報通知がない場合、よく探してみることが必要なときがあります。例えば、分合筆がされた不動産の場合は注意が必要です。

　分筆された場合、新たに権利に関する登記済証・登記識別情報通知は発行されませんので、分筆元地番の登記済証・登記識別情報通知が分筆後の不動産の登記済証・登記識別情報通知となります。

　合筆された場合、新たに登記済証・登記識別情報通知が発行されます。もっとも、合筆前の不動産の登記済証・登記識別情報通知も全てを提出すれば使用することができます。

　また、換地処分された不動産の場合も注意が必要です。従前の土地一筆に対して一筆が割り当てられる場合（表示変更型）、新しい登記済

証・登記識別情報通知は発行されません。そのため、従前の土地の登記済証・登記識別情報通知を提出することになります。従来の土地一筆に対して複数の土地が割り当てられる場合（分割型）、新しい登記済証・登記識別情報通知は発行されません。そのため、従前の土地の登記済証・登記識別情報通知を提出することになります。従前の土地数筆に対して一筆が割り当てられる場合（合併型）、新たに登記済証・登記識別情報通知が発行されます。もっとも、換地処分前の土地の登記済証・登記識別情報通知も全てを提出すれば使用することができます。

　探してみてもやはり登記に使用する登記済証・登記識別情報通知がない場合には、登記官が事前通知の手続を行う（不登23①）ことにより登記がされます。

　また、資格者代理人が本人確認情報を作成した場合や公証人による認証を受けた場合で、その内容を登記官が相当と認めたときには、事前通知を行うことなく登記がされます（不登23④）。

　なお、旧不動産登記法60条2項の規定により登記済みの手続がされた保証書は、所有権に関する登記以外の権利に関する登記を申請する場合において、従来の取扱いのとおり登記済証の代わりになります（登記研究695・201）。このような制度は登記識別情報にはなく、登記識別情報を再発行することはできません。もっとも、登記識別情報通知の登記識別情報を記載した部分が見えないようにするシール（目隠しシール）のはがれ方が不完全であることにより登記識別情報が読み取れない状態になった場合の登記識別情報の再作成はすることができます。

2　印鑑証明書がない場合

　登記義務者が法人で、会社法人等番号を提供した場合、印鑑証明書の添付を省略することができるようになりました（令2・3・30民二318）。

　登記義務者が自然人の場合、公証人又はこれに準ずる者の認証を受

けたときは、印鑑証明書の添付を省略することができます（不登令18②、不登規49②二）。

　海外に住んでいる日本人でも、国によっては、その国の在外公館で印鑑証明書を取得することができます。もっとも、在外公館における印鑑登録は、印鑑の二重登録の防止の観点からハードルが高く、あまり積極的な運用がなされていません。そこで、在外公館で署名証明を受けることが多く見受けられます。署名証明を添付することにより、印鑑証明書の添付を省略することができます。もっとも、署名証明には、住所の記載がないことから、別途在留証明書も添付が必要です。居住地から在外公館までの距離があり、在外公館に出向くのが困難な場合等は、最寄りの外国公証役場で宣誓供述書を受けることにより、印鑑証明書の添付を省略することができます（昭40・6・18民事甲1096）。

　外国人の場合、印鑑制度を採用している国が限られていることから、当該外国の官憲及び当該国の在外公館の署名証明を添付することになります（登記研究146・23）。当該外国の公証役場の宣誓供述書も添付することができます。もっとも、日本に住所があれば印鑑証明書を添付することができます（登記研究150・85）。日本に住所がないけれども、日本にいるときは、当該国の在日公館の署名証明を添付することができます。

　遺産分割協議書に署名・押印したものの、印鑑証明書を取得せず死亡した者がいるときは、その者の相続人から遺産分割協議が成立した旨の証明書を作成してもらい、その者の相続人全員の印鑑証明書を添付すれば申請は受理されます（後掲 書式 参照）。

3　登記原因証明情報がない場合

　例えば売買を原因とする所有権移転登記を申請するときに、売買契

約書が登記原因証明情報となります。また、売買契約書に代えて、報告式の登記原因証明情報を添付することもできます。登記原因証明情報に署名押印を求める規定はありません。もっとも、登記義務者の署名又は記名押印は必要とされています。そのため、登記原因証明情報がない場合とは、登記原因証明情報に署名又は押印してくれない場合が考えられます。このような場合には、登記手続をするよう求める判決を取得すれば、判決書正本が登記原因証明情報となります。

なお、以下のような場合には登記原因証明情報の提供は不要とされています。①敷地権付区分建物についての転得者からの所有権保存登記（不登74②）以外の所有権保存登記（不登令7③二）、②処分禁止の登記に後れる登記の抹消、③混同によって権利が消滅したことが登記記録上明らかである場合の権利の抹消登記、④法律によって申請人の権利承継が生じ、通達等で認められた場合、⑤買戻しの期間が満了したことが登記記録から明らかな場合の期間満了を原因とする買戻特約の抹消登記（令5・3・28民二538）。

4　住民票がない場合

日本に住んでいる人の場合、住民票がないということは基本的にありません。そのため、住民票がない場合として考えられるのは、海外に住んでいる人の場合、住所変更登記を申請しない間に何度か引っ越しをして途中の住民票の除票が取得できなくなった場合や、相続登記の際に被相続人の登記簿上の住所と最後の住所をつなげる住民票の除票が取得できなくなった場合が考えられます。なお、登記権利者の住所証明のために用いる住民票は、印鑑証明書でも代わりになります（昭32・6・27民事甲1220）。この際、3か月の有効期限はありません。海外に住んでいる日本人の場合、その国の在外公館で発行された在留証明書が住民票の代わりになります。

Q&A編　第4章　その他　111

　外国人の場合、日本に一定期間滞在する人（短期滞在の在留資格を除きます。）は、日本に居住する外国人として住民票が作成されることになります。それ以外の外国人の場合、本国又は居住国（本国又は居住国の州その他の地域を含みます。以下「本国等」といいます。）の政府（本国等の領事を含み、公証人を除きます。）の作成に係る住所を証明する書面（これと同視できるものを含みます。）で発行する住所を証する書面が住民票の代わりになります。また、その外国人の本国等の公証人の作成に係る住所を証明する書面も、一定の要件を満たす旅券の写しや、上申書等を添えて、住民票の代わりになります。住所を証する書面の制度がなかったり、その書面の入手が困難なときもあります。そのときは、本国等の公証人の認証のある住所に関する宣誓供述書が住民票の代わりになります。以上につき、外国語で作成されたものについては、その訳文を添付します（令5・12・15民二1596）。

　従来、住民票の除票及び改製原住民票（以下「除票等」といいます。）の保存期間は5年とされていました。令和元年6月20日から、住民基本台帳法の一部が改正され、除票等の保存期間が5年間から150年間に延長されました。ただし、改正前時点ですでに保存期間を経過してしまっているものは、この限りではありません。登記簿上の住所から最後の住所までがつながる住民票が取得できないときは、登記済証を添付する必要があります（平29・3・23民二175参照）。登記済証を添付できないときは、評価証明書や上申書を添付します。

5　戸籍がない場合

　相続登記を長期間行っていなかったため、戸籍の保管期間が経過してしまい、出生までの戸籍が遡れないということがあります。従来は、戸籍の編製された時期により保存期間が50年・80年・100年とまちまちでした。平成22年6月1日から、戸籍法の一部が改正され、除かれた

戸籍や改製原戸籍の保存期間が150年に延長されました。ただし、改正前時点ですでに保存期間を経過してしまっているものは、この限りではありません。

　相続登記の申請において、戸籍の一部が滅失等していることにより、その戸籍を提供することができないときは、滅失等により「除籍等の謄本を交付することができない」旨の市町村長の証明書及び「他に相続人はない」旨の相続人全員による証明書（印鑑証明書添付）の提供を要する取扱いとされていました（昭44・3・3民事甲373）が、平成28年3月11日民二219号通達により、滅失等により「除籍等の謄本を交付することができない」旨の市町村長の証明書の提供で足りることになりました。

　いわゆる所有者不明土地問題の解決に向けて行われている長期相続登記等未了土地解消作業により、法務局から長期間相続登記等がされていないことの通知が届くことがあります。その通知に入っている請求書で法定相続人情報を取得することができます。法定相続人情報に、「相続人の全部または一部が判明しない」旨の記載がなければ、作成番号を提供すれば、戸籍除籍の謄抄本の添付は不要です。

書　式

○遺産分割協議書に署名・押印したものの、印鑑証明書を取得せず死亡した者がいるときの証明書

証　明　書

　　　　　　　　　　　　　　　　　　　　令和○年○月○日

　被相続人Ａ（平成○年○月○日死亡）の遺産については、平成○年○月○日付けの別紙遺産分割協議書のとおり、協議が成立しましたが、

その後、相続人Bが令和○年○月○日に死亡したので、同人の印鑑証明書を添付することができません。

しかし、遺産分割協議が相続人全員B、C、Dによってなされ、別紙遺産分割協議書が真正に作成されたことに間違いありません。

相続人B相続人
住所　○市○町○丁目○番○号
氏名　　E　　（実印）

相続人B相続人
住所　○市○町○丁目○番○号
氏名　　F　　（実印）

別紙遺産分割協議書〔省略〕

114　Q & A編　第4章　その他

〔18〕　本人確認情報に住民票、印鑑証明書を使用する場合
は？

Q　本人確認情報に住民票や個人の印鑑証明書を不動産登記規則72条2項3号の書類として使用することができますか。

A　市区町村で発行された住民票や個人の印鑑証明書は、形式的には不動産登記規則72条2項3号の書類に該当すると考えられますが、本人を確認する書類としては証明力が低いと考えられているため、使用する際には注意が必要です。

解　説

1　司法書士が申請人の氏名を知らず、又は申請人と面識がないとき

　司法書士が申請人の氏名を知らず、又は申請人と面識がないときは、申請の権限を有する登記名義人であることを確認するために当該申請人から提示を受けた不動産登記規則72条2項が規定する次に掲げる書類の内容を本人確認情報に記載する必要があります。

| ①　いずれか一以上の提示を求める方法 | 不動産登記規則72条2項1号の書類
・運転免許証（道路交通法（昭和35年法律105号）92条1項に規定する運転免許証をいう。）
・個人番号カード（行政手続における特定の個人を識別するための番号の利用等に関する法律（平成25年法律27号）2条7項に規定する個人番号カードをいう。）
・旅券等（出入国管理及び難民認定法（昭和26 |

	年政令319号）2条5号に規定する旅券及び同条6号に規定する乗員手帳をいう。ただし、当該申請人の氏名及び生年月日の記載があるものに限る。） ・在留カード（同法19条の3に規定する在留カードをいう。） ・特別永住者証明書（日本国との平和条約に基づき日本の国籍を離脱した者等の出入国管理に関する特例法（平成3年法律71号）7条に規定する特別永住者証明書をいう。） ・運転経歴証明書（道路交通法104条の4第5項（同法105条2項において準用する場合を含む。）に規定する運転経歴証明書をいう。） ※提示を受ける日において有効なもの
② いずれか二以上の提示を求める方法	不動産登記規則72条2項2号の書類 ・国民健康保険、健康保険、船員保険、後期高齢者医療、国家公務員共済組合、地方公務員共済組合若しくは私立学校教職員共済制度の資格確認書（書面によって作成されたものに限る。） ・介護保険の被保険者証、健康保険日雇特例被保険者手帳 ・基礎年金番号通知書（国民年金法施行規則（昭和35年厚生省令12号）1条1項に規定する基礎年金番号通知書をいう。） ・児童扶養手当証書 ・母子健康手帳 ・身体障害者手帳、精神障害者保健福祉手帳、療育手帳又は戦傷病者手帳 ※提示を受ける日において有効なもの ※当該申請人の氏名、住所及び生年月日の記載があるもの

③ ②に掲げる書類の うちいずれか一以上 及び官公庁から発行 され、又は発給され た書類の提示を求め る方法	不動産登記規則72条2項3号の書類（以下「3号書類」という。） 官公庁から発行され、又は発給された書類に該当すると考えられる例 ・住民票 ・印鑑証明書 ・宅地建物取引士証（都道府県知事が発行する） ※官公庁から発行され、又は発給された書類については、有効期間又は有効期限のある書類は、提示を受ける日において有効なもの ※当該申請人の氏名、住所及び生年月日の記載があるもの

　不動産登記規則72条2項1号（①の書面を確認する方法）、2号（②の書面を確認する方法）、3号（③の書面を確認する方法）について、条文上、まずは1号を試み、1号の確認ができない場合には、2号を試み、2号の確認ができない場合には、3号を試みるというような順番的な規定はされていませんが、書類を所持している人物が本人であることの証明力としては、1号、2号、3号の順番であることは疑いありません。登記申請や登記申請と引換えに行われる金銭等の支払について大きな責任を負う司法書士としても、通常は1号、2号、3号の順番で本人確認情報の作成を検討していると思われます。

2　一以上の提示を求める方法

　①の書面として、これまで最も本人確認情報に使われてきた書面は、運転免許証と思われますが、近年では、個人番号カード（マイナンバーカード）の普及が急速に進み、2024年9月15日現在、国民の約81.4％が所持しており（総務省ホームページ「マイナンバーカード交付状況につい

て」)、個人番号カードを使って本人確認情報を作成することも増えてきました。しかし、個人番号カードの所持は強制されていないため、カードを所持していない場合や、面談時に紛失している場合には、申込みから発行までに日数がかかることや、思想的な理由でマイナンバーカードの所持を拒む人もいます。今後も上記の表の①の方法で本人確認情報を作成することができないケースはあると思われます。

　①の方法で本人確認情報を作成することができない場合には、②の方法で本人確認情報の作成を行うことを試みることになります。

3　二以上の提示を求める方法

　②の方法で本人確認情報の作成を行うことを試みる場合に、注意を要することは、②の書面は「氏名、住所及び生年月日の記載があるもの」とされていることです。

　②の書面には、氏名の記載があるが、住所の記載がない、又は、生年月日の記載がないことも多く、当該申請人に氏名、住所及び生年月日の記載がある②の書面を2点以上準備してもらうことが難しいといわれてきました。

　②の方法で本人確認情報を作成することができない場合には、③の方法で本人確認情報の作成を行うことを試みることになります。

4　三以上の提示を求める方法

　③の方法で本人確認情報の作成を行うことを試みる場合に問題となることは、③の「官公庁から発行され、又は発給された書類」の種類が少ないことです。上記の表に、官公庁から発行され、又は発給された書類に該当すると考えられる例として、住民票、印鑑証明書、宅地建物取引士証を掲げました。宅地建物取引士証は、本人確認情報を作成する場合に利用することができると思われることは覚えておくとよ

いと思いますが、宅地建物取引士の資格を有する申請人という限られた場合についてしか利用できません（後藤浩平『不動産登記の実務相談事例集Ⅱ』49頁（日本加除出版、2019）参照）。

3号書類として利用ができそうな書類として、マイナンバーを通知するために郵送された通知カードや、申出人の住所が記載された法定相続情報一覧図の写しが考えられます。

前者の通知カードは、住民にマイナンバーを知らせるために郵送された紙製のカードで、「氏名」、「住所」、「生年月日」が記載されています（新規発行等の手続は、令和2年5月25日に廃止）。3号書類として使うことが可能なように思われますが、地方公共団体情報システム機構のマイナンバーカード総合サイトのよくあるご質問では、「通知カードは本人確認書類として利用できますか？」の問いに対して、「通知カードはマイナンバーの確認のためのみに利用することができるカードですので、本人確認書類としては利用できません。」と回答しています。また、供託事務に関しての通達ですが、民事局長通達も「通知カードは個人番号の本人への通知及び個人番号の確認のために発行されるものであること等から本人確認の資料等として取り扱うことは適当ではない」としています（平27・12・22民商172）。

後者の法定相続情報一覧図の写しについては、同一覧図の写しに「被相続人の死亡に起因する相続手続及び年金等手続以外に利用することはできない。」と注意事項が記載されています。

以上から、マイナンバーを通知するために郵送された通知カードや、申出人の住所が記載された法定相続情報一覧図の写しは、3号書類として利用できない可能性があるため注意が必要です。

以上から、形式的に3号書類に該当する書類としては、住民票、印鑑証明書が最も一般的な書類であると考えられますが、住民票、印鑑証明書を3号書類として本人確認情報を作成する場合には、注意が必要になります。

Q&A編　第4章　その他　　119

5　本人確認書類としての住民票の写し、印鑑証明書

　あくまで、筆者の感覚的な実感ですが、本人確認情報の実務が始まった時点では、住民票や印鑑証明書は3号書類として認められないという登記官は少数であったと記憶しています。なお、本人確認情報の作成方法や提出する書類については、審査する登記官が相当と認める場合に限って事前通知を省略できることから、登記官によって審査にばらつきがあります。例えば、本人確認書類は書類の内容を特定する方法により提供することができますが（平17・2・25民二457）、登記官によっては書類のコピーを提出すべきであり、本人確認情報に書類の特定事項を記載するだけでは相当とは認めないと審査がされることがあります。印鑑証明書については、登記義務者として提出する印鑑証明書をそのまま本人確認情報の3号書類として援用することは認められなかったものの、別に印鑑証明書をもう1通準備して3号書類として提出した場合には本人確認情報の3号書類として認められていました。

　この取扱いが、大きく変わったきっかけが、「登記簿　不動産登記規則72条2項3号の書類について」という記事が掲載された登記研究745号が出版されたことでした（登記研究745・115、以下「登記簿の記事」といいます。）。この記事が出版された際に申請中であった売買による所有権の移転登記や抵当権の設定登記等が、登記官より本人確認情報の3号書類として住民票や印鑑証明書を提出していることを理由に補正しなければ事前通知を行うと通知され、大混乱に陥った資格者代理人もいました。

　（1）　住民票の写しについて

　登記簿の記事では、住民票の写しについて、本人以外の者が所持している可能性も高く、1号書類や2号書類に比べて、その所持人が本人であることの証明力が低いと指摘されています。

確かに住民票の写しは、第三者請求で取得することができます。住民基本台帳法12条の3第1項は、

① 自己の権利を行使し、又は自己の義務を履行するために住民票の記載事項を確認する必要がある者

② 国又は地方公共団体の機関に提出する必要がある者

③ ①、②に掲げる者のほか、住民票の記載事項を利用する正当な理由がある者

としています。債権者が自己の債権を回収するために債権者であることの資料を提出して債務者の住民票の写しを取得することがあり、本人が取得した住民票の写しも本人以外に提出されることが多く、確かに本人以外の者が所持している可能性も高いといえます。

資格者代理人としては、不動産登記規則72条2項各号の書類を確認したことのみをもって面談した人を登記名義人本人と判断しているわけではなく、登記名義人本人であることの心証は十分に形成されているものの、それとは別に本人確認情報の求める要件を満たすために3号書類を確認書類として提出しているときが多いと思います。

とはいえ、3号書類として形式的な要件は満たすものの、その所持人が本人であることの証明力が低いと指摘されている住民票の写しを提出する以上は、登記申請が問題なく完了することについて責任を負っている資格者代理人としては、住民票の写しの証明力の低さを補い、登記官が相当と認める内容を本人確認情報の内容とすることは必須といえるでしょう。

証明力の低さを補う具体的な例として、登記簿の記事では「住民票上の住所地にある建物に資格者代理人が赴き、本人と面談をしている場合であって、そのことが明らかにされていれば、登記官として、2号書類のうち一つと住民票の写しの提示を受けたとする資格者代理人による本人確認情報の内容を相当と認めることもできるのではないか」としています。

登記簿の記事は、住民票の写しを3号書類とした場合には、必ず住民票上の住所地にある建物に資格者代理人が赴き、本人と面談しなければならないとしているわけではありません。登記名義人本人が病院や老人ホーム等の施設に入っており、資格者代理人が、そのような施設に赴いて登記名義人本人と面談することも多いと思います。実務での事例ですが、資格者代理人が、登記名義人本人の入居している病院や老人ホーム等の施設へ赴き、直接登記名義人本人と面談し、かつ、当該施設等の責任者や職員等の証言等から、登記名義人が住民票上の住所地に住民登録をしている事実が確認され、本人確認情報に所定の調査結果が記載されている場合に、施設等での面談であっても住民票の写しを3号書類として作成した本人確認情報が相当と認められた例があるようです。

本人確認情報は、あくまで登記官が相当と認める場合に限って事前通知を省略する手続なので、資格者代理人としては、以上に限らず住民票の写しの証明力の低さを補うための補完資料を確認し、面談の方法についても考えておくべきでしょう。

（2）　印鑑証明書について

印鑑証明書については、住民票の写しのような第三者請求の制度はなく、実務での事例ですが、登記義務者として提出する不動産登記令16条2項の規定により提供する印鑑証明書をそのまま本人確認情報の3号書類として援用することは認められなかったものの、別に印鑑証明書をもう1通準備して3号書類として提出した場合には本人確認情報の3号書類として認められている事例がありました。

登記簿の記事では、印鑑証明書は不動産登記規則72条2項3号以外の他の規定により、登記の申請の添付書面として提供を求められている書面であり、これをもって資格者代理人が申請人が申請の権限を有する登記名義人本人であることを確認した資料とすることは、本人確

認情報の提供を定めた規定の趣旨に合わず、不動産登記の手続上予定されていないと考えるのが相当としています。

以上のように登記簿の記事では、印鑑証明書を3号書類とすることは否定されていますが、実務での事例ですが、印鑑証明書を3号書類と取り扱うことができるものとして、資格者代理人が申請人と面談する際に、申請人が実印を所持、又は、持参し、かつ、当該印鑑証明書と照合した結果、印影が合致し、依頼者が実印を所持していることに不自然さがないことが確認され、本人確認情報に所定の調査結果が記載されている場合に、印鑑証明書を3号書類として作成した本人確認情報が相当と認められた例があるようです。

本人確認情報は、あくまで登記官が相当と認める場合に限って事前通知を省略する手続なので、資格者代理人としては、以上に限らず印鑑証明書を3号書類とする場合には、補完資料を確認し、面談の方法についても工夫し、登記官と事前に打合せを行うことも考えておくべきでしょう。

ケース編

124

ケース編　第1章　所有権の移転に関する登記　　125

第1章　所有権の移転に関する登記

Case 1　時効により取得した所有権の相続登記をしたいが、登記名義人及び時効完成時点の占有者も既に死亡している場合

　亡父「乙」は、登記簿上持分2分の1を所有する甲との共有名義であった土地上に建物を新築し、以降、死亡するまでの30年間自宅として使用し、建物と共に土地の全部を利用・占有していました。また、当該土地の全ての租税公課を自己名義で納付していたことから、①平穏かつ公然に、②他人の物を、③所有の意思をもって、④20年間の占有という時効の要件が完成していましたが、時効を援用しない間に死亡しました。

　共有者であった登記名義人甲も既に死亡しています。

　今から裁判により時効取得し、亡父「乙」の単独所有であったはずの土地を相続するためには、どのような手続と登記が必要になるのでしょうか。

＜困難要因＞

▶所有権登記名義人及び時効を完成させた占有者がいずれも死亡していること

▶時効を完成させた占有者は、時効を援用せず死亡したこと

▶時効を援用する当事者及び訴訟の当事者を特定する必要があること

▶訴状の送達をもって時効援用の意思表示とし、登記手続のための債務名義を得る必要があること

126 ケース編 第1章 所有権の移転に関する登記

対処のポイント

　原告（時効援用権者）から被告（登記名義人）への訴状送達を
もって、時効援用の意思表示となるため、訴訟の当事者となる相
続人を特定する必要があります。被告に相続が生じている場合、
時効援用権の行使である意思表示は、相続人全員に対して行う必
要があります。

　債務名義（確定判決の内容）には、時効による所有権移転の原
因日付となる「起算点」及び「登記権利者」「登記義務者」が明確
にされている必要があり、また、時効の登記の前提として、被告
（登記名義人）の相続登記が必要であるため、相続登記を原告が
代位して行える内容（登記手続を命じる給付判決）とすることに
も留意が必要です。

解 説

1　当事者（時効援用権者、登記名義人、訴訟当事者）の特定

　時効援用の意思表示が到達しない限り、取得時効は完成しないため、
有効に到達を完成させることが最大の要件となります。

　当事者に相続が生じている場合は、通常、登記記録の名義人の表示
を基に戸籍謄本等の相続証明情報から推定相続人を調査しますが、時
効完成までの相当期間の経過により、複数の数次相続又は代襲相続が
生じ、結果、訴訟当事者が多数となる場合が考えられます。

　また推定相続人の中に相続放棄をした者がいる場合、同人は被告に
は当たりません。万一、訴状送達後に相続人でないことが判明した場
合は、同人を被告から除いたり、後述する請求の趣旨の内容も変わる

ことになり、改めて訴えの変更手続を行う必要が生じます。

　実務では、原告又は訴訟代理人から被告に対し、訴訟提起前に「本件土地について時効取得した事情」「共同申請により登記を行うことが難しく訴訟手続を行いたい理由」「そのため訴状が送られてくること」「訴状の内容に異議がない場合は、答弁書を提出する等一切の手続は不要であること」といった、訴訟手続並びに登記手続を説明するための通知を行うことが重要とされています。

　相続放棄をした者の有無を含めた共同相続人の確認、異議のある者がいた場合の占有要件の確認、連絡がとれない者、所在不明である者がいる場合の送達方法の検討等を事前に行うことにより、訴訟当事者を特定し、有効に送達を完成させることができます。

2　債務名義の取得（請求の趣旨及び判決の内容）

　登記名義人である被告に相続が生じている場合、「請求の趣旨」の書き方を検討する必要があります。

　登記に必要な原因証明情報となる判決書正本の主文中に、同じく記載される内容ですので、不動産登記法に基づく権利変動が実現するための要件、前提となる相続登記申請の件数、登記申請人の特定、代位登記の可否も含めて、それらの記載は、主文（後掲「請求の趣旨」参照）又は請求の理由（後掲「請求の原因」参照）の内容から明確に判断できる必要があります。

請求の趣旨

1.　被告Bは、原告に対し、別紙物件目録記載の土地について、別紙「登記目録1」記載の登記をせよ。

1.　被告Cは、原告に対し、別紙物件目録記載の土地について、別紙「登記目録2」記載の登記をせよ。

128 　ケース編　第1章　所有権の移転に関する登記

> 1．　被告Dは、原告に対し、別紙物件目録記載の土地について、別紙
> 　　「登記目録3」記載の登記をせよ。
> 〔以下略〕

※時効援用の意思表示は、その相続人全員に対して行う必要があるため、
　相続人全員が被告となります。各被告に対し、それぞれの原因となる相
　続及び時効の登記をする旨請求します。
※被告ごとの別紙「登記目録」の内容により、所有権移転の原因日付である
　時効の「起算点」及び「登記権利者」「登記義務者」が明確にされていま
　す。

請求の原因

1　当事者
　（1）　原告は、後述する訴外亡丙の子である亡乙（令和3年3月3
　　　　日死亡）の子である。
　（2）　当事者目録記載の被告らは、後述する訴外登記名義人亡甲の
　　　　親族であり、相続により、別紙物件目録記載の土地の甲名義の
　　　　共有持分について、その一部ずつをそれぞれ取得した人たちで
　　　　ある。
2　現在の本件土地の登記簿の記載について
　　本件土地の現在の登記簿の記載は、昭和○年○月○日受付、持分2
　分の1甲、2分の1丙の共有として所有権保存登記がなされていたと
　ころ、丙は、昭和○年○月○日死亡し、同人の2分の1の共有持分に
　ついては、乙が相続により所有権取得した。
　　そして、乙は、令和3年3月3日死亡し、原告が、同持分を相続に
　より取得している。
3　登記名義人「甲」の死亡及び共有持分の相続の状況
　（1）　甲は、昭和55年10月19日死亡し、同人の長男A・同長
　　　　女E・同二女I・同三女Jが相続人である。
　（2）　甲の長男Aは、平成6年1月7日死亡しており、同人の相
　　　　続人は妻B・同長男C・同長女Dである。

ケース編　第1章　所有権の移転に関する登記　129

（3）　甲の長女Eは、昭和63年7月10日死亡しており、同人の相続人は、夫F・同長女G・同長男Hである。

（4）　甲の二女Iは、令和5年3月8日死亡しており、同人の相続人は、妹J・甥C・姪D・姪G・甥Hである。

（5）　したがって、甲の相続については、別紙「相続関係説明図（被相続人：登記名義人甲）」のとおりである。

4　本件土地の時効取得及び原告の相続

（1）　乙は、平成3年（1991年）3月3日、本件土地上に別紙物件目録記載の建物を新築し、以降、死亡するまで自宅として居住し、本件土地の全部を利用・占有してきた。

（2）　すなわち、乙は、平成3年（1991年）3月3日、本件土地を占有し、平成23年（2011年）3月3日の時効期間の経過まで継続して本件土地を占有していたものである。

（3）　乙は、令和3年3月3日死亡し、同人の相続が開始した。

乙の相続人は、同人の妻である訴外何某と原告の二人である。そして何某と原告が協議した結果、本件土地の占有権及び乙名義の共有持分2分の1並びに甲名義の持分2分の1についての取得時効の援用権を、原告が相続することとし（○号証：遺産分割協議書）、原告は本件建物及び本件土地の乙持分全部について相続を原因とする所有権移転登記を経由した。

（4）　原告は、被告らに対し、本訴状の送達をもって、甲の共有持分について、取得時効を援用する、との意思表示をする。

（5）　したがって、乙は平成3年3月3日時効取得により、甲の共有持分を取得した。そして、原告は、乙から名義人甲の共有持分を含む本件土地全体を相続により承継し、所有している。

※占有者である被相続人が取得していた時効援用権も相続人に承継されます。よって相続人から取得時効成立を求める訴訟を提起することが可能となります。

5　結　論

（1）　よって原告は、被告らに対し、所有権に基づき、請求の趣旨記載のとおり、甲の共有持分について平成3年3月3日時効取

得を原因とする移転登記手続及びその前提となる各相続登記を求める。

※登記手続を命じる給付判決となります。

（2）　甲の共有持分については、別紙「相続関係説明図（被相続人：登記名義人甲）」記載のとおり、順次相続が進み、現在は、被告らが、別紙「登記目録1乃至7」記載のとおり各自持分を取得したことになっているから、前記（1）の各登記手続を完遂するためには、順次発生した各相続についての相続登記を行う必要があり、○○法務局に対し、甲持分について別紙「相続登記申請書記載内容（共有者甲持分）」のとおりの5件の登記申請が必要となる。

※登記は同一の原因ごとに一括申請となることを明記します。

（3）　本訴の「請求の趣旨」は、前記（2）の相続登記申請書に添付すべき判決の主文と同内容であり、相続登記申請書の内容を、登記義務者である各被告ごとに整理したものである。

以　上

ケース編 第1章 所有権の移転に関する登記　131

【相続関係説明図（被相続人：登記名義人甲）】

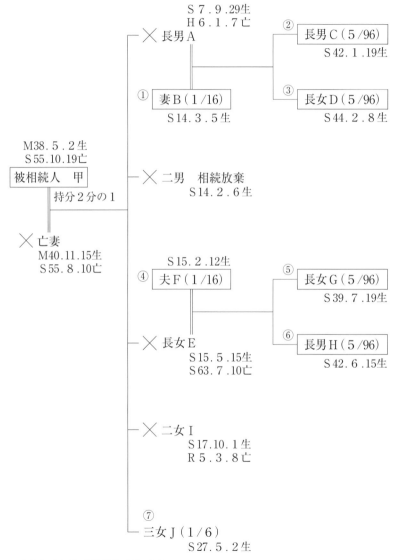

※×は死亡及び相続放棄を表す。
※( )は持分を表す。

132　　ケース編　第1章　所有権の移転に関する登記

【相続登記申請書記載内容（共有者甲持分）】

（1）	登記の目的	共有者甲持分全部移転
	原　　因	昭和55年10月19日相続
		（被相続人甲）
	相　続　人	持分8分の1　亡A（※後件（2）相続登記）
		8分の1　亡E（※後件（3）相続登記）
		8分の1　亡I（※後件（4）相続登記）
		8分の1　　J（※⑦…相続関係説明図内
		番号、以下同）
（2）	登記の目的	亡A持分（1／8）全部移転（前件（1）で取得
		した持分）
	原　　因	平成6年1月7日相続
		（被相続人A）
	相　続　人	持分16分の1　B（※①）
		32分の1　C（※②）
		32分の1　D（※③）
（3）	登記の目的	亡E持分（1／8）全部移転（前件（1）で取得
		した持分）
	原　　因	昭和63年7月10日相続
		（被相続人E）
	相　続　人	持分16分の1　F（※④）
		32分の1　G（※⑤）
		32分の1　H（※⑥）
（4）	登記の目的	亡I持分（1／8）全部移転（前件（1）で取得
		した持分）
	原　　因	令和5年3月8日相続
		（被相続人I）

ケース編 第1章 所有権の移転に関する登記 133

```
        相 続 人    持分48分の1  C （※②）
                        48分の1  D （※③）
                        48分の1  G （※⑤）
                        48分の1  H （※⑥）
                        24分の1  J （※⑦）
 （5）  登記の目的    共有者B、C、D、F、G、H、J持分全部移
                    転
        原    因    平成3年3月3日時効取得
        権 利 者    ○市○町○丁目○番○号
                        持分2分の1   （亡）乙
```

　ただし、時効により所有権を取得した亡父：乙から原告への相続による所有権移転登記は、本件判決による登記には当たらず、通常の相続登記と何ら変わるものではありません。

　判決による登記と同時連件に申請する場合でも、判決文又は理由中の記載をもって、相続証明情報とはならず、戸籍や遺産分割協議書等を添付情報とし、相続関係と権利の承継を証明することになります。

書　式

○相続人の代位申請による時効取得を原因とする所有権移転登記（判決による登記）

```
                登 記 申 請 書

 登記の目的    所有権移転
 原    因❶   ○年○月○日時効取得
```

```
権 利 者     ○市○町○丁目○番○号
（被代位者）      亡 X
義 務 者     ○市○町○丁目○番○号
              Y
代 位 者     ○市○町○丁目○番○号
              Z
代 位 原 因   ○年○月○日時効取得による所有権移転登記請求権
添 付 情 報   登記原因証明情報❷（判決正本、確定証明書）
              代位原因証明情報❸（判決正本、確定証明書）
              承継証明情報❹　住所証明情報　代理権限証明情報
                  〔以下略〕
```

＜作成上のポイント＞

❶　時効による権利取得は、原始取得と解されています。

　　相続人は時効援用権を承継しますが、登記権利者とはなりません。

　　被相続人が占有を開始した「時効の起算日」が原因日付となります。

❷❸　取得時効の成立を認めるだけでなく、登記手続を命じる給付判決である必要があります。

　　確定証明書付き判決正本は「代位原因証明情報」にもなります。

❹　相続人からの申請であることを証明するため承継証明情報を添付します。具体的には、当該相続人及び相続人の戸籍全部事項証明書（戸籍謄抄本）若しくは、不動産登記規則247条の規定により交付された法定相続情報一覧図の写し等がこれに当たります。

ケース編 第1章 所有権の移転に関する登記 135

Case 2 相続人が不存在の共有者の持分を他の共有者へ移転させる場合

　私と建物を共有しているAが死亡しました。Aには法定相続人がいないのですが、Aの共有持分は私に移転されるのでしょうか。その場合、どのような手続が必要なのでしょうか。

＜困難要因＞

▶所有者及び登記義務者となるべき法定相続人がいないこと

▶民法255条にいう「死亡して相続人がないときは、その持分は、他の共有者に帰属する。」が適用されるための要件と手続がいくつかあること

▶家庭裁判所への申立ての要件及び公告のため相当の期間がかかること

対処のポイント

　共有者が死亡した場合、一般的には相続人が当該共有持分を相続しますが、相続人がいない場合には相続財産は法人となり、相続財産清算人による相続財産の清算をすることになります。清算後に残った残余財産については、特別縁故者は財産分与請求をすることができますが、財産分与の請求がなかった場合等に、ようやく他の共有者に帰属するということになります。また、相続財産清算人は、「相続人のあることが明らかでない場合」に裁判所により選任されますが（民951・952）、戸籍上相続人が存在しているが、その者が行方不明である場合又は生死不明である場合は、民

法951条でいう「相続人の不存在」に該当せず、不在者の財産管理の手続（民25以下）や失踪宣告の手続（民30以下）によることになります。

解　説

　令和5年4月1日施行の民法改正により、相続財産に関して、清算を目的とする行為を行う「相続財産清算人」（民936・952）と、①保存行為及び②性質を変えない範囲内において、その利用又は改良を目的とする行為を行う「相続財産管理人」（民897の2）とにそれぞれの役割と権限が区別されることとなりました。

　相続財産管理人は、相続財産の管理のみを行うと明確に定められたのに対し、相続財産清算人は、相続財産の管理の他に、相続人や債権者などを捜索するための公告を行い、債権者などがいる場合には弁済を行うという違いがあります。

1　相続財産清算人（民936・952）の選任

　相続人が明らかでないとき（相続人全員が相続放棄をしたことにより、相続する者がいなくなった場合も含まれます。）には、その相続財産は法人となり（民951）、家庭裁判所は、利害関係人又は検察官の請求申立てにより、相続財産清算人を選任します（民952①）。

　相続財産清算人は、被相続人の債権者等に対して債務を支払うなどして清算を行い、清算後残った財産を国庫に帰属させることになります（民957・959）。

2 家庭裁判所による公告

（1） 清算人選任の旨及び相続人への相続権主張の催告

家庭裁判所は、「相続財産清算人が選任されたこと」及び「相続人があるならばその権利を主張すべき旨」の官報公告をします。この期間は、6か月以上とされています（民952②）。

従前、相続人があるならばその権利を主張すべき旨（相続権主張の催告）の公告は、債権者及び受遺者への請求権申出の催告の後に行われていました。しかし、期間短縮のため、令和3年（令和5年4月1日施行）の改正民法では、相続権主張の催告の公告は相続財産清算人の選任と同時に行われるようになりました。

この公告により相続人が現れた場合には、相続人が財産を相続し、相続財産清算人の手続は終了します。

（2） 相続債権者・受遺者への請求申出の催告

相続権主張の催告のための公告がなされたら、相続財産清算人は、被相続人の債権者及び受遺者に対して、その請求を申し出るよう公告手続をします。この期間は2か月以上とされています。被相続人の債権者や受遺者は、この期間内に申出をしなければ、相続財産から弁済や権利の承継を受けることができません。

相続債権者及び受遺者に対する催告期間が終了したら、相続財産清算人は、その相続財産からまず債権者に対し弁済を行い、その後、受遺者に相続財産の承継を行います。

これにより相続財産が消滅し清算が完了した場合は、相続財産清算人の手続は終了します。

3 特別縁故者に対する財産の分与

相続権主張の催告をしても相続人が不存在であり、債権者及び受遺者への清算が完了した後、相続財産清算人は、家庭裁判所の審判を経

て、特別縁故者に対し、残りの相続財産の全部又は一部を与えること
ができます。

　特別縁故者は、相続権主張の催告の公告期間が終了した後3か月以
内に、家庭裁判所に対し、相続財産分与の審判申立てを行う必要があ
ります。

4　共有持分の共有者への帰属

　相続人が不存在というだけでは、必ずしも、亡Aの共有持分が他の
共有者に帰属するとは限らず、受遺者や相続債権者に対する清算手続、
特別縁故者に対する財産分与の手続を経て、なお共有持分が残存する
ことが確定した場合に初めて、他の共有者へ帰属することになります。
この場合、当該共有持分は民法255条の規定により、他の共有者に、そ
れぞれの共有持分割合に応じて帰属することになります。

　最高裁は、特別縁故者への財産分与の方が、民法255条の規定に優先
するとし、亡くなった共有者の相続人が不存在であったときでも、相
続債権者や受遺者に対する清算手続が終了し、裁判所による特別縁故
者への財産分与をしなかった又は分与をしても共有持分が相続財産に
残存することが確定したときに初めて、他の共有者に帰属することに
なると解すべきとしました（最判平元・11・24判時1332・30参照）。

5　敷地利用権の共有持分について

　なお、区分所有建物においてその敷地権の対象となる土地について
は、民法255条の適用は除外されることとなります。区分所有建物に
おいて、専有部分と敷地利用権の分離は、原則禁止されていることか
ら（区分所有22・24）、区分建物所有者に相続が発生し、その相続人や受
遺者、特別縁故者等がいない場合でも、土地の共有持分は他の共有者
に帰属されず、建物と共に国庫に帰属することになります（民959前段）。

ケース編 第1章 所有権の移転に関する登記 139

6 残余財産の国庫への引継ぎ（民959）

以上の手続で経て残った相続財産は、国庫に帰属します。

7 共有者亡Ａ持分を共有者へ移転する登記

民法255条の規定により亡Ａの共有持分が他の共有者に帰属される
こととなった場合の登記手続は、持分を取得する他の共有者を権利者、
亡Ａ相続財産法人を義務者とする共同申請による持分移転登記によっ
て行います。

① 登記原因日付

亡Ａの死亡の日から少なくとも９か月の期間経過後の日となりま
す。

相続人が不存在である場合の手続において、相続財産清算人選任
の申立てから特別縁故者の不存在の確定まで、少なくとも合計９か
月の期間を要することになるため、これに違背する登記原因日付は
申請の却下事由となります（不登25五）。

② 権利移転の時期

㋐ 民法958条の２第２項の期間内に財産分与の申立てがなされな
かったとき

⇒申立期間満了の日の翌日

㋑ ㋐の期間内に申立てはあったが、申立てが却下され、却下決定
が確定したとき

⇒却下の審判が確定した日の翌日

書 式

○登記申請書

登 記 申 請 書

登記の目的 　亡Ａ相続財産持分全部移転❶

140　　ケース編　第1章　所有権の移転に関する登記

```
原　　　因　　令和〇年〇月〇日特別縁故者不存在確定❷
権　利　者　　〇市〇町〇丁目〇番〇号
　　　　　　　　持分2分の1　　B
義　務　者　　〇市〇町〇丁目〇番〇号
　　　　　　　　亡A相続財産❸
添 付 情 報　　登記原因証明情報❹　登記識別情報通知❺　印鑑証明
　　　　　　　書❻　住所証明情報　代理権限証明情報❼
令和〇年〇月〇日申請　〇〇法務局
課 税 価 格　　移転した持分の価格　金〇〇円
登録免許税❽　金〇〇円
```

＜作成上のポイント＞

❶　登記の目的は、登記名義人（亡A）の持分全部であることを記載します。

❷　登記の原因は、「特別縁故者不存在確定」とします。

　　裁判所による特別縁故者への財産分与がなかった又は分与をしても当該不動産の共有持分が相続財産に残存することが確定したときに初めて、他の共有者に帰属することになります。

　　権利移転時期となる原因日付は、㋐財産分与の申立てがなかったときは、民法958条の2第2項の「申立期間満了の日の翌日」、㋑申立てはあったが、その申立ての却下決定が確定したときは、「却下の審判が確定した日の翌日」となります。

❸　登記義務者は、相続財産法人名「亡A相続財産」を記載します。

❹　財産分与の申立ての有無及び申立てが所定の期間内であったこと、又はその却下決定が確定した日付を証明します（後掲「特別縁故者不存在確定証明書」参照）。

❺　亡Aが所有権を取得した際の登記識別情報（登記済証）

❻❼　相続財産清算人の印鑑証明書、選任審判書正本

❽　登録免許税は不動産の価額の1000分の20（登税別表1一（二）ハ）

ケース編　第1章　所有権の移転に関する登記　　141

○特別縁故者不存在確定証明書（縁故申立て、却下有り）

事件番号　　令和○年（家）第○○○号
事　件　名　　相続財産清算人選任申立事件
申　立　人　　○○○○
被相続人　　亡○○○○

特別縁故者不存在確定証明申請書

令和○年○月○日

○○家庭裁判所　御中

　事務所　　○市○町○丁目○番○号　○○ビル○号室

　被相続人　亡○○○○相続財産清算人　○○○○　　　印

　頭書事件について、相続権主張の催告期間が令和○年○月○日の経過により満了し、同期間の満了後3か月以内に特別縁故者に対する相続財産の分与の申立てがなされましたが、別紙物件目録記載の不動産については分与の審判がなされず、同目録記載の不動産について、特別縁故者不存在が令和○年○月○日確定したことを証明してください。

以　上

　上記の通り証明する。
　令和○年○月○日
　　○○家庭裁判所
　　裁判所書記官　○○○○　　印

別紙物件目録〔省略〕

142　　ケース編　第1章　所有権の移転に関する登記

Case 3　解散した法人が登記名義人である土地の所有権を移転する場合

　用地取得のために買い取ろうとした土地の所有者が会社法人だったのですが、どうやら既に解散しており、清算人も行方が知れません。このような法人と売買契約を結ぶ際には、どのような登記手続が必要になるのでしょうか。

＜困難要因＞
　　▶土地の所有者が清算会社であること
　　▶法律行為を行うべき代表者が不明であること
　　▶清算人の有無、所在が不明であること

対処のポイント

　会社の解散により、当該会社は清算事業のみを行う清算会社となり、取締役はその地位を失い、代わって清算人が就任し会社を代表することとなります。
　会社が行う事業は制限され、清算事業のみを行うのが原則です。売買契約を行う時期、会社の法人格の消滅の時期、会社を代表し登記申請を行う者により、手続が異なることに留意が必要です。

解　説

1　会社代表者の特定
（1）　会社の継続
清算人の業務は清算事業に限られ、仮に会社の事業を継続するため、

所有不動産の売買契約を行いたい場合は、その地位において契約をすることはできず、会社継続登記を行うことにより会社を元の状態に復活させることが前提となります。ただし元の状態とは、従前の取締役等の地位が復活するものではなく、会社継続の決議と同時に取締役又は代表取締役といった会社代表者の選定を行い、併せて登記申請を行う必要があります。

会社継続登記の後、所有する不動産の売買契約その他法律行為は、会社の代表者において行うこととなります。

なお、会社法472条1項の規定により解散（みなし解散）となった会社を復活させたい場合には、みなし解散の日付から3年以内に手続を行う必要があり、3年を経過すると、会社の継続登記による会社復活はできなくなります。

（2）　清算業務

一方、解散登記がされている清算会社において、清算事業のため、所有不動産を売却する契約を行う場合は、代表権をもつ清算人が売買契約を締結し、買主と共同して所有権移転登記手続を行うことになります。

（3）　清算結了登記の抹消

清算期間を経て、その清算が結了し、登記簿が閉鎖された法人においては、権利義務の主体となる法人格は消滅したこととなり、売買契約等の法律行為を行うことはできません。そのため、残存する会社名義の不動産の売買契約を締結するためには、錯誤を原因とし「清算結了の登記の抹消手続」を行い、一時的に「会社を代表する清算人を復活」させて、同清算人において所有権移転登記手続を行うことになります。従前登記された清算人が行方不明や死亡している場合は、新たに清算人を選任する必要があります。

2 裁判所による清算人の選任

清算人とは、解散した会社の代表者として会社に残った財産を清算するための手続を行う清算会社の一機関で、(ア)定款で定める者、(イ)株主総会の決議によって選任された者、(ウ)前記(ア)・(イ)で清算人になる者がいない場合は取締役が、それぞれ清算人となります（会社478①）。

上記(ア)〜(ウ)で清算人となる者がないときは、裁判所が清算人を選任することとなります（会社478②）。

清算人選任の要件は次のとおりです。

① 利害関係人による申立てであること

清算株式会社の清算について法律上の利害関係を有するものであり、一般的に、株主、監査役、債権者等が考えられます。本件のように、会社所有土地の譲渡取得を目的とする第三者も利害関係人に含まれると考えられます。

裁判所は、清算人に対して会社法が規定する厳格な清算手続の全てを行うことを求めず、申立人が希望する「債権譲渡の通知の受取」や「不動産の譲渡」だけ、といった限定的な清算事務のみを行い、当該事務が終了した時点で、非訟事件手続法59条1項により選任決定を取り消して当該清算人の事務を終了させ、選任に係る登記を裁判所書記官からの嘱託で抹消する、という特定個別の運用も行っています。

② 会社法478条1項によっても清算人となる者がいないこと

会社が合併及び破産以外の事由で解散した場合（株主総会決議、みなし解散等）で解散当時の取締役が生存している場合は、その者が法律上当然に清算人になりますので（会社478①一）、裁判所への申立てはできません。よって前提として、当該会社を代表すべき清算人の存否や所在について調査を尽くすことも要件となります。

3　清算人の就任及び抹消の登記

　裁判所により選任された清算人の選任に係る登記は、当該清算人が行います。

　清算人は、「申立人の希望する清算事務の遂行」のため選任され、清算会社を代表することとなりますので、売買契約等の法律行為を清算事務として行うことが可能となります。

　所定の清算事務と報告事務が完了すると、裁判所は当該清算人の「選任取消決定」（非訟59①）を行い、清算人の選任に係る登記の抹消は裁判所書記官が行うことになります。

4　売買を原因とする所有権移転登記について

（1）　清算結了前に売買を行う場合

　清算人が当該会社を代表し、買主（登記権利者）との共同申請により登記申請をすることができます。

（2）　売買契約を清算結了前に行い、清算結了登記後に所有権移転登記を行う場合

　清算人との間で有効に売買契約が行われたが、登記申請時には、清算結了登記がなされており、法人の登記簿が閉鎖されており清算人の地位も消滅している場合には、当該会社の登記簿が閉鎖されたままであっても、清算結了登記の抹消登記は不要であり、便宜的措置として、清算人を義務者とし、共同申請による所有権移転登記申請をすることができます。

　この場合、法人の印鑑証明書と代表者の資格を証する書面に代え、当該清算人の市区町村長発行の印鑑証明書及び閉鎖登記事項証明書を添付します。

（3）　清算結了登記により閉鎖された会社と売買を行う場合

　清算結了の登記について、錯誤による抹消登記を行い、一時的に法

146　　ケース編　第1章　所有権の移転に関する登記

人格を復活させた上で、清算人との共同申請により登記申請をすることができます。

　この場合、法人の閉鎖登記簿に登記されている清算結了当時の清算人の存否が明らかである場合は、その者の地位が復活し、会社を代表し共同申請により所有権移転登記を行うことができます。

書　式

○清算結了の錯誤による抹消登記申請書

登　記　申　請　書

1　会社法人等番号　　○○○○－○○－○○○○○○
1　商　　　　号　　　株式会社○○
1　本　　　　店　　　○市○町○丁目○番○号
1　登 記 の 事 由❶　（1）　錯誤による抹消
　　　　　　　　　　　（2）　清算人の変更
　　　　　　　　　　　（3）　代表清算人の変更
1　登記すべき事項　　（1）　清算結了登記の抹消
　　　　　　　　　　　（2）　令和○年○月○日清算人就任
　　　　　　　　　　　　　　　○市○町○丁目○番○号
　　　　　　　　　　　　　　　　清算人　A
　　　　　　　　　　　　　　　同年同月同日　代表清算人A　就任
1　登 録 免 許 税　　金15,000円
　　　　　　　　　　　（内訳　登記の抹消　金6,000円
　　　　　　　　　　　　　　　清算人の登記　金9,000円）
1　添 付 書 類　　　残余財産を証する書面（上申書、他）
　　　　　　　　　　錯誤を証する書面❷
　　　　　　　　　　株主総会議事録

|ケース編| 第1章　所有権の移転に関する登記　　147

就任承諾書
委任状
〔以下略〕

＜作成上のポイント＞

❶　登記簿に記載の清算人が法人の代表者として復活しますが、行方不明
又は死亡など、同人の地位が復活できない場合は、株主総会において新
たに清算人の選任が必要となります。

❷　清算が結了していないことを証する書面であり、具体的には、残余財
産を証する書面（不動産登記事項証明書、上申書等）を指します。

148　ケース編　第1章　所有権の移転に関する登記

Case 4　遺言書作成後に一部の相続人が所在不明である場合

　遺言書に基づき不動産の所有権を相続すべき相続人のうちその所在が不明となった者がいる場合、相続による所有権移転登記はできるのでしょうか。

　また、遺言書には特定の不動産を売却しその代金を相続させる旨の記載があります。その場合、どのような登記手続が必要になるのでしょうか。

＜困難要因＞

▶登記申請人となるべき相続人のうち所在の不明な者がいること

▶登記義務は相続人全員が承継するが、登記義務者となるべき相続人のうち所在の不明な者がいること

▶遺言執行者による相続手続の可否

対処のポイント

　平成30年の民法改正（令和元年7月1日施行）により、従前の、遺言執行者は相続人の代理人とみなすとされていた規定が変わり、遺言執行者に法的に明確な権限が与えられ、その地位において相続手続を進めることができるようになりました。

　ここでは、相続人の一部が所在不明であった場合に着目し、「遺言執行者の権限明確化」により進めることが可能となった手続について解説します。

ケース編　第1章　所有権の移転に関する登記　　149

解　説

1　遺言執行者の権利義務

　遺言執行者の権限は、遺言の内容によって具体的に定まります。遺言者の意思を実現するための執行であると解されていることから、その権限は、単に記載内容だけに限定されるものでなく、受遺者に対抗要件を具備させるために必要な登記手続を含む一切の行為について及ぶことが明確化されました（民1012①）。

　特定の不動産につき遺贈がされた場合において、遺言執行者があるときは、遺言執行者が遺贈義務者となり単独で登記権利者である受遺者と共同して登記申請をすることができます（民1012②）。

　一方、相続人に対する遺贈の登記申請については受遺者が単独で登記申請することができますが（不登63③）、法定相続人以外の受遺者の場合には、その遺贈による登記を受遺者のみで行うことはできず、受遺者と遺言執行者が共同申請することになります。

　また、遺言執行者がいない場合は、相続人全員及び受遺者が共同して登記申請を行うことになるのは、従前の規定に同じです。

2　登記申請手続について

　従来は「相続させる」という遺言がある場合でも、遺言執行者からの登記申請はできず、当該相続人が登記申請人となるのが原則でした。

　改正民法により、遺言執行者がある場合には、「遺言の内容を実現するため」（民1012①）相続人が相続登記を行わない場合でも遺言執行者が申請人となり相続登記を行うことができることとなりました。また、遺贈の履行については、遺言執行者のみが行うことができる旨の条項が追加されています（民1012②）。

　「遺言執行者において特定の不動産を売却した上で、その代金を遺贈する」という内容の遺言書に基づく遺言執行においては、以下の登記申請手続が必要となります。

① 共同相続人全員のための法定相続登記

　特定の相続不動産を売却し買主のために所有権移転登記を行うためには、その前提として「相続」を原因とする法定相続人名義への相続登記が必要となります。

　遺言執行者に売却の権限がある場合であっても、登記法上相続登記は省略することはできません。

　相続人のうち遺言執行以前に死亡した者があっても、亡き同相続人を登記名義人として相続登記を行うことになります。

② 所在が不明である相続人が登記名義人となる場合

　登記名義人となる共同相続人を特定するため、遺言執行者は、登記申請の添付情報となる相続を証する書面の収集を行います。

　遺言執行者は遺言の内容を相続人に通知しなければならない（民1007②）と定められていることからも、所在不明の相続人について調査を尽くす義務があると考えられます。

　しかしながら、通知の有無は遺言執行の効力とは無関係であること、また、改正民法に基づく遺言執行者の権限は、「特定不動産を売却により換価し承継する」という清算型遺言を執行するための処分権限を明確にしたものであり、当該法定相続登記は、登記手続において省略できない前提となるものであることから、登記名義人のうち所在不明の者がいても、遺言執行者の権限により登記申請を行うことができます。

　登記の記載事項として必要となる相続人の住所証明情報は、当該相続人について取得可能であった最終のものを添付することになります。

③ 遺言執行者からの相続登記申請と登記識別情報通知

　改正による遺言執行者の権限は、「特定不動産を売却により換価し承継する」という清算型遺言を執行するための処分権限として明

確化されたものであるため、申請代理人に対し登記の委任を行う際には、当該遺言執行者からの委任状を添付します。

遺言執行者が登記申請人となりますが、当該遺言執行者を登記名義人とする登記ができないことに変わりありません。

この場合「申請人自らが登記名義人となる場合」に該当しませんが、登記名義人である相続人のため「登記識別情報」が通知されることになります。

④　売買による所有権移転登記

遺言執行者の権限により、遺言執行者は、所有権登記名義人である相続人に代わり、売買契約と登記申請を行うことができます。

登記申請の際に添付する登記義務者の印鑑証明書は、当該遺言執行者の印鑑証明書になります。

3　登記識別情報通知について

遺言執行者が相続登記を申請する場合、遺言の内容として、「○○の不動産を○○に相続させる」又は「○○の不動産を売却しその代金を相続させる」という特定不動産に係る内容の場合は登記識別情報が発行されますが、「財産全部を○○に相続させる」という包括的表現の場合に、特定財産承継遺言に該当するかという点に関し、特定の相続人に対し特定の財産を相続させる場合のみならず、「遺言者の有する財産の全部を遺言者の長男甲（生年月日）に相続させる。」という、特定の相続人に対し相続財産の全部を相続させる場合や、「遺言者の有する財産の全部を換価し、その換価金から遺言者の一切の債務を弁済し、かつ本遺言の執行に要する費用を控除した残額を遺言者の妻丙（生年月日）に相続させる。」というような、いわゆる清算型遺言の場合でも特定財産承継遺言と解されているので（登記研究881・114）、遺言執行者が単独で相続登記を申請し、登記識別情報の通知を受けることができることと解されます。

152　　ケース編　第1章　所有権の移転に関する登記

　なお、相続人から登記申請の委任を受けた申請代理人は、登記名義人となる相続人のため登記識別情報通知の発行を受ける場合は、その旨も重ねて受任する必要があります。

4　遺言に遺言執行者の指定がない場合

　登記義務は、相続人全員が承継することになり、特定不動産を遺贈するとの遺言の内容を実現するためには、相続人全員が受遺者と共同し登記申請を行う必要があります。

　特定の受益を受ける相続人や受遺者は、その他の相続人との間で利益相反の関係に立つため、遺言の内容を実現するための手続について協力が得られにくい場合も考えられます。

　遺言執行者は特定の相続人ないし受遺者の立場に偏することなく、遺言の内容を実現する目的においてその任務を遂行すべきものであり、改正民法によりその権限が明確化されたことからも、遺言執行者において相続手続を進めることのメリットはより大きくなったといえるでしょう。

　そのため、遺言に遺言執行者の指定がない場合は、利害関係人（相続人を含みます。）は、家庭裁判所に遺言執行者の選任の申立てができることとされています（民1010）。

書　式

○相続登記申請書（遺言執行者が申請する場合）

登　記　申　請　書

登記の目的　　所有権移転

ケース編 第1章 所有権の移転に関する登記 153

```
原     因    令和○年○月○日相続
相  続  人    (被相続人  ○○○○)
              ○市○町○丁目○番○号
               持分  2分の1  ○○○○❶
              登記識別情報通知希望の有無：送付の方法による交付
                                    を希望する
              ○市○町○丁目○番○号
               2分の1  ○○○○❶
              登記識別情報通知希望の有無：送付の方法による交付
                                    を希望する
申  請  人    ○市○町○丁目○番○号
              亡○○○○  遺言執行者  ○○○○❷
添 付 情 報    登記原因証明情報❸  住所証明情報  代理権限証明情
              報❹
代  理  人    ○市○町○丁目○番○号
              司法書士  ○○○○
                        ＜以下略＞
```

＜作成上のポイント＞

❶ 相続人が2名以上いる場合には相続人の持分を記載しますが、当該持
   分は遺言による遺産分割方法の指定がある場合には当該持分となりま
   す。なお、その際の記載の方法は申請書例のとおり1人目のみ「持分」と
   いう文字を記載し、2人目以降は持分のみを記載します。

❷ 従来は相続登記は相続人のみが単独で申請できることとされていたの
   で、遺言執行者がいる場合でも遺言執行者が登記申請をすることはでき
   ませんでしたが、令和元年7月1日から特定財産承継遺言の場合には遺
   言執行者は相続人の対抗要件を備えるために必要な行為をすることがで
   きることとされましたので（民1014②）、相続人に代わり相続登記を申請
   することができます（もちろん今までどおり相続人も単独で登記申請を
   することもできます。）。

❸ 相続を証する情報を登記原因証明情報として添付します。一般的には

154 　ケース編　第1章　所有権の移転に関する登記

被相続人の出生から死亡までの戸籍謄本等と相続人の戸籍事項証明書ですが、被相続人の同一性を証するため被相続人の本籍付き除票（又は本籍付き戸籍の附票）を添付します。その他、遺言書がある場合には遺言書を添付しますが、当該遺言書は登記原因証明情報でもありますが、後の記載のある代理権限証明情報も兼ねることとなります。なお、司法書士が最終代理人となっている場合は、遺言執行者は中間代理人ということになるので登記申請書に記載しなくても登記は可能とされていましたが、令和元年7月1日施行の改正民法では、遺言執行者は、相続人の代理人とみなすという表現から、遺言執行者がその権限内において遺言執行者であることを示してした行為は、相続人に対して直接にその効力を生ずるという表現に変わりました（民1015）。これにより中間代理人という地位ではないと解することもでき、その場合には登記申請行為者として本申請書のように申請人と記載すべきであるとも考えられます。

❹　遺言執行者の代理権限証明情報として遺言書を添付します。遺言書は公正証書遺言及び法務局保管自筆証書遺言以外は家庭裁判所の検認を受けたものでなければなりません。

○登記原因証明情報（清算型遺言のための不動産売買）

```
　　　　　　　　　　　　　登記原因証明情報


　1　登記申請情報の要項
　　（1）登　記　の　目　的　　共有者全員持分全部移転
　　（2）登　記　の　原　因　　令和○年○月○日　売買
　　（3）当　　事　　者　　　（甲）権利者　○市○町○丁目○番○号
　　　　　　　　　　　　　　　　　　　　　　○○○○
　　　　　　　　　　　　　　（乙）義務者　○市○町○丁目○番○号
　　　　　　　　　　　　　　　　　　　　　　○○○○　（※共同相
　　　　　　　　　　　　　　　　　　　　　　続人）
　　　　　　　　　　　　　　　　　　　　　○市○町○丁目○番○号
　　　　　　　　　　　　　　　　　　　　　　○○○○　（※共同相
　　　　　　　　　　　　　　　　　　　　　　続人）
```

ケース編　第1章　所有権の移転に関する登記　　155

　　　　　　　　　　　　　　　　　○市○町○丁目○番○号
　　　　　　　　　　　　　　　　　上記代理人（亡○○○○遺
　　　　　　　　　　　　　　　　　言執行者）
　　　　　　　　　　　　　　　　　　　○○○○
　（4）　不動産の表示　　〔省略〕
2　登記原因となる事実又は法律行為
　（1）　登記義務者及び売主
　乙らは、被相続人○○○○の相続開始により本件不動産の所有権を
取得した共同相続人並びに（平成○年第○○号○○法務局所属公証人
○○○○役場）遺言公正証書に基づき遺言執行者に就任し、登記義務
者たる共同相続人の代理人として同遺言執行のため、本件不動産の売
却換価を行う者である。
　（2）　売買契約
　乙らは、甲に対し、令和○年○月○日、本件不動産を売り渡した。
　（3）　所有権移転時期の特約
　（2）の売買契約には、本件不動産の所有権は、売買代金の授受が完
了した時に移転する旨の所有権移転時期に関する特約が付されてい
る。
　（4）　売買代金の支払
　甲は、乙らに対し、令和○年○月○日売買代金全額を支払い、乙ら
はこれを受領した。
　（5）　所有権の移転
　よって、本件不動産の所有権は、同日、乙らから甲に移転した。

令和○年○月○日　○○法務局　御中
上記登記原因に相違ありません。
　　　　　　　　　　　　　　　　　義務者代理人亡○○○○遺言執行者
　　　　　　　　　　　　　　　　　○市○町○丁目○番○号
　　　　　　　　　　　　　　　　　○○○○　印

※換価清算型遺贈の場合は売却代金を相続する者が相続人の一部であって
　も、相続人全員を相続人として登記申請しなければなりません。

156 　ケース編　第1章　所有権の移転に関する登記

○清算型遺言のための所有権移転登記申請書

登 記 申 請 書

登記の目的　　所有権移転
原　　　因　　令和○年○月○日売買
登記権利者　　○市○町○丁目○番○号
　　　　　　　　○○○○
　　　　　　　登記識別情報通知希望の有無：送付の方法による交付
　　　　　　　　　　　　　　　　　　　　　　を希望する
登記義務者　　○市○町○丁目○番○号
　　　　　　　　○○○○❶
　　　　　　　○市○町○丁目○番○号
　　　　　　　　○○○○❶
　（申請人）遺言執行者　　○市○町○丁目○番○号
　　　　　　　　　　　　　　○○○○❷
添 付 情 報　　登記原因証明情報❸　　登記識別情報❹　　住所証明情報
　　　　　　　印鑑証明書❺　　代理権限証明情報❻
〔申請年月日・法務局・課税価格・登録免許税記載省略〕
代 理 人　　○市○町○丁目○番○号
　　　　　　　司法書士　　○○○○
　　　　　　　　　　　　〔以下略〕

＜作成上のポイント＞

❶　換価清算型遺贈の場合は売却代金を相続する者が相続人の一部であっ
ても、相続人全員を相続人として登記申請しなければなりません。

❷　遺言執行者がいない場合は相続人全員が登記識別情報や印鑑証明書を
提出することになります。そこで、清算金を受領しない相続人が非協力
的な場合には登記申請が困難となってしまいますので、そういった場合
には本件のように家庭裁判所に遺言執行者を選任してもらえば、相続人
が登記義務者でも遺言執行者が登記申請をすることになりますので登記

ケース編　第1章　所有権の移転に関する登記　　157

申請がスムーズに行われることとなります（本件は遺言で遺言執行者を指定しています。）。なお、司法書士が最終代理人となっている場合は遺言執行者は中間代理人ということになるので登記申請書に記載しなくても登記は可能とされていましたが、令和元年7月1日施行の改正民法では、遺言執行者は、相続人の代理人とみなすという表現から、遺言執行者がその権限内において遺言執行者であることを示してした行為は、相続人に対して直接にその効力を生ずるという表現に変わりました（民1015）。これにより中間代理人という地位ではないと解することもでき、その場合には登記申請行為者として本申請書のように申請人と記載すべきであるとも考えられます。

❸　相続人と買主との売買契約を証する情報を登記原因証明情報として添付しますが、遺言執行者がいる場合には遺言執行者が被相続人の遺言の執行の一環として登記原因証明情報を作成することができます。なお、捺印については義務付けられていませんが、後日の争いを防止する観点からも実印で押捺することがよいでしょう。

❹　前提として行った相続人全員のための相続登記の際に法務局から通知された登記識別情報を提供します。なお、相続登記と本件の売買による所有権移転登記は連件で申請することができますが、その際には登記識別情報はまだ通知されていませんので、手続上登記識別情報を添付したものとみなされます（不登規67）。

❺　遺言執行者の印鑑証明書（発行後3か月以内のもの）を添付します。登記義務者は相続人ですが申請行為をしているのは遺言執行者なので添付する印鑑証明書は相続人のものではなく遺言執行者のものとなります。

❻　遺言執行者の代理権限証明情報として遺言書を添付します。遺言書は公正証書遺言及び法務局保管自筆証書遺言以外は家庭裁判所の検認を受けたものでなければなりません。

　　その他、登記権利者と遺言執行者から司法書士への委任状を添付することになります。

第2章　抵当権・根抵当権の設定に関する登記

Case 5　抵当権の設定契約はしたが抵当権設定登記が未了
　　　　な場合において、抵当権設定者が死亡してから抵当
　　　　権を設定する場合

　抵当権の設定契約はしましたが抵当権設定登記を申請する前に
抵当権設定者が死亡してしまいました。その場合の抵当権設定登
記の申請はどのようにするのでしょうか。

＜困難要因＞

▶死亡した者は登記を申請することができないこと

▶受領していた書類はそのまま使用できない場合があること

▶相続人が登記申請に協力してくれない場合があること

対処のポイント

　不動産登記法には登記を申請するべき当事者が登記申請をする
前に死亡した場合の登記手続に関する規定があります（不登62）。

　また、登記申請に関する代理権不消滅に関する特例もあるため、
委任状等はそのまま使用することができる場合があります（不登
17）が、司法書士の職責としての本人確認義務を果たすことはで
きませんので、相続人から依頼を受けないといけない場合があり
ます。

ケース編 第2章 抵当権・根抵当権の設定に関する登記 159

解 説

1 相続人からの申請

　不動産登記の権利に関する登記を申請する場合には、法令に別段の定めがある場合を除いて、登記権利者及び登記義務者が共同して申請しなければなりません（不登60）。しかし、登記を申請する前に登記権利者や登記義務者が死亡してしまった場合には、死者は登記を申請することができませんので、その相続人が登記申請権利や登記申請義務を承継することになるので、相続人が登記申請をすることができることとされています（不登62）。

　したがって、抵当権の設定契約後に登記申請をする前に抵当権設定者が死亡してしまった場合には、抵当権設定者に相続人がいればその相続人に抵当権設定登記を申請してもらうことができます。

　なお、相続人が抵当権設定登記申請手続に協力してくれない場合は、後述する訴訟による手続があります。

　相続人がいない場合には、死亡した人の財産は相続財産法人となりますので（民951）、債権者として相続財産清算人の選任申立てをし、当該相続財産清算人と共同して登記申請をすることとなります。相続財産清算人は家庭裁判所から選任された後、6か月以上の期間をもって相続財産を清算することとされていますので、抵当権設定登記を申請してもすぐに弁済をする必要が生じることとなりますが、抵当権者としては他の債権者に優先弁済権を主張するためには登記が必要ですので、契約どおりに抵当権設定登記を申請してもらう必要があります。

2 登記代理権の不消滅

　抵当権設定登記申請手続に必要な書類を受領していた場合には、当該書類を使用することができますが、中には有効期限がある書類がありますので、全て使用することができるとは限りません。

例えば登記原因証明情報は抵当権設定契約書をそのまま使用することができます。また委任状についても登記手続の代理権を安定させるために民法の例外規定として、不動産登記法17条は、登記を申請する者の委任による代理人の権限は本人の死亡によっては消滅しないことと規定しています。しかし、受任者欄を空欄のまま委任状を作成し、死亡してしまった場合には、委任は有効ではありませんので、代理権不消滅の規定をそのまま適用することはできません。また、登記義務者の印鑑証明書については登記申請時点で作成後3か月以内である必要があるため、3か月を経過してしまった場合には当該委任状を使用することはできなくなります。その場合は、相続人に協力してもらい、相続人の発行した印鑑証明書を相続証明書とともに登記申請書に添付する必要があります。

なお、司法書士は職責として本人確認する義務がありますので、委任状が有効に作成されていたとしても、司法書士が本人確認をする以前に死亡してしまった場合には、その相続人から登記申請の委任を受けなければなりませんので、当該委任状は使用することができません。

3 訴訟による単独申請

登記申請義務を承継している相続人が登記申請に協力しなかった場合には、抵当権者は抵当権設定登記を申請することができませんので、相続人を相手として訴えを提起し登記申請手続に関する給付判決を得た上で、抵当権者が単独で登記申請をすることができます。なお、登記申請義務については相続人の全員が履行しなければなりませんので、協力してくれない相続人全員を被告として訴えを提起しなければなりません。

ケース編　第2章　抵当権・根抵当権の設定に関する登記　　161

書　式

○登記義務者の相続人からの登記申請書（当事者の記載方法）

```
登 記 申 請 書

登 記 の 目 的　　抵当権設定
原　　　　　因　　令和○年○月○日金銭消費貸借同日設定
債　権　　額　　金○○○円
利　　　　　息　　年○○％
損　害　　金　　年○○．○％
債　務　　者　　○市○町○丁目○番○号
　　　　　　　　　○○○○
抵　当　権　者　　○市○町○丁目○番○号
　　　　　　　　　○○○○
設　定　　者　　○市○町○丁目○番○号
　　　　　　　　　甲野太郎
　　　　　　　　　亡甲野太郎相続人　甲野一郎❶
添　付　情　報　　登記原因証明情報　登記識別情報　印鑑証明書　代
　　　　　　　　　理権限証明情報
〔申請年月日・法務局・課税価格・登録免許税記載省略〕
代　理　　人　　○市○町○丁目○番○号　司法書士　○○○○
　　　　　　　　　電話番号　○○－○○○○－○○○○
不動産の表示　　〔省略〕
```

＜作成上のポイント＞

❶　相続人における登記申請義務は、一部の相続人が履行することはできないので、相続人全員が登記義務者とならなければなりません。その場合でも、登記申請義務のみを承継し、当該不動産は相続していないので、持分割合を記載する必要はありません。

162 　ケース編　第2章　抵当権・根抵当権の設定に関する登記

○登記義務者の相続人からの登記申請書（相続人不存在の場合の登記義務者の表示方法）

```
              登 記 申 請 書

登 記 の 目 的    抵当権設定
原      因    令和○年○月○日金銭消費貸借同日設定
債  権  額    金○○○円
利      息    年○○%
損  害  金    年○○．○%
債  務  者    ○市○町○丁目○番○号
               ○○○○
抵 当 権 者    ○市○町○丁目○番○号
               ○○○○
設  定  者    ○市○町○丁目○番○号
             亡甲野太郎相続財産清算人　○○○○❶❷
添 付 情 報    登記原因証明情報❸　登記識別情報　印鑑証明書
             代理権限証明情報
〔申請年月日・法務局・課税価格・登録免許税記載省略〕
代  理  人    ○市○町○丁目○番○号　司法書士　○○○○
             電話番号　○○－○○○○－○○○○
不動産の表示    〔省略〕
```

＜作成上のポイント＞

❶　抵当権設定者の相続人が不明な場合には相続財産は法人となりますので、所有権登記名義人の名義変更をした上で、抵当権設定登記をすることとなります（名義変更の登記申請書は〔11〕参照）。

❷　相続財産清算人の住所氏名は、相続財産が登記申請をするときは「相続財産清算人　○○○○」と入れます。相続財産は法人なので（民951）、法人の代表者として相続財産清算人を記載する必要があります（不登令3二）。

❸　被相続人が生前設定した抵当権に関して設定登記する場合は、相続財産清算人はその権限において抵当権設定登記をすることができますが、法務局によっては権限外行為の許可審判を要求する場合もありますので事前に確認する必要があります。

ケース編 第2章 抵当権・根抵当権の設定に関する登記 163

Case 6 外国法人が国内の未登記不動産に抵当権を設定する場合

　外国法人が国内の未登記不動産に対して抵当権を設定したのですが、どのように登記をしたらよいでしょうか。日本法人との違いと、未登記不動産ということでどのようにしたらよいか分かりません。

＜困難要因＞
　▶外国法人の国内法を調査すること
　▶未登記不動産について表題登記を申請した後に、所有権保存登記及び抵当権設定登記を申請すること

対処のポイント

　権利の登記をするには、登記名義人となる者が権利能力を有している必要があります。

　個人の場合には、生まれながらにして権利能力（権利義務の主体となることができる能力）がありますが、法人の場合には権利能力のない社団や財団というものもあり、また、法人の権利能力は法人の目的の範囲内に限られることから、当該法人の目的を調査する必要があります。その他、法人の実在をどのように証明するかという問題もあります。

　その他、登記手続については登記の順序があり、一番最初に表題登記を申請し、次に所有権保存登記と抵当権設定登記を申請することになりますので申請の内容や申請順序について注意が必要です。

164　ケース編　第2章　抵当権・根抵当権の設定に関する登記

解　説

1　法　人

　日本の法人については会社法、その他の法人設立の根拠法があり、当該根拠法に基づいて法人の設立手続を履践することにより法人が設立されることとなります。

　設立された法人は権利義務の主体たる地位、すなわち権利能力を取得することとなりますが、当該権利能力は法人の場合は目的の範囲内に限られますので、抵当権設定行為そのものが法人の目的の範囲内の行為かどうかということを調査しなければなりません。国内法人の場合には、法律の規定や法人の目的においてそれらのことは調査することが可能ですが、外国法人の権利能力やその証明方法については、当該外国の法律を調査しなければならないので、それが困難な要因の一つとされています。

2　外国法人（外国会社）

　外国法人は、国、国の行政区画及び外国会社を除き、その成立を認許しませんが（民35①）、法律又は条約の規定により認許された外国法人は、日本において成立する同種の法人と同一の私権を有することとされています。ただし、外国人が享有することのできない権利及び法律又は条約中に特別の規定がある権利については、この限りではありません（民35②）。

　外国会社とは、外国の法令に準拠して設立された法人その他の外国の団体であって、会社と同種のもの又は会社に類似するものをいいますが（会社2二）、外国会社が日本において取引を継続してしようとするときは、日本における代表者を定めなければならないこととされて

おり、その場合において日本における代表者のうち一人以上は日本に住所を有する者でなければならないこととされています（会社817①）。

なお、外国会社の日本における代表者は、当該外国会社の日本における業務に関する一切の裁判上又は裁判外の行為をする権限を有することとされており（会社817②）、この権限に制限を加えても、これをもって善意の第三者には対抗することができないこととされています（会社817③）。

外国会社は、外国会社の登記をするまでは、日本において取引を継続してすることはできず（会社818①）、もし違反して取引をした者は相手方に対して、外国会社と連帯して当該取引によって生じた債務を弁済する責任を負うこととされています（会社818②）。

外国会社は、前記外国法人と同様に他の法律の適用については、他の法律に別段の定めがあるときを除き、日本における同種の会社又は最も類似する会社とみなされます（会社823）。

したがって、日本において継続的に取引をしようとする外国会社については外国会社の登記がされていると思われますので、当該外国会社の日本における代表者と取引をすればよいこととなります。

しかし、継続的ではなく単発の取引をする場合には、日本において外国会社の登記はされていないと思われますので、その場合には当該外国会社の登記簿等の証明書を取得して当該外国会社の存在及び代表者を確認し、当該外国会社の本国法についても法律を確認し、日本における取扱いに関する例外規定がないかどうか等を確認をする必要があります。

法人及び外国法人の登記については民法36条、外国法人の登記に関しては民法37条を参照してください。

166 　ケース編　第2章　抵当権・根抵当権の設定に関する登記

3　登記申請手続

　未登記不動産について抵当権設定の登記を申請するためには表題登記及び所有権保存登記が前提として必要となります。

　土地については未登記不動産というのは国や地方公共団体等の官有不動産を除いてないと思いますので（不登附則9参照）、未登記不動産は通常は建物ということになります。そこで未登記不動産を建物という前提で、登記手続について以下の順序で登記することとなります。

① 　建物表題登記

② 　所有権保存登記

③ 　抵当権設定登記

　なお、表題登記は表示に関する登記であり、所有権保存登記と抵当権設定登記は権利に関する登記ですので、これらの登記を同時に申請することができるかどうかが問題となります。

　結論からいいますと、表示に関する登記と権利に関する登記は同時に申請することはできません。理由は表示に関する登記は登記の日付が登記事項とされており、権利に関する登記は受付の年月日及び受付番号が登記事項とされているからです。全ての登記が即日に処理されない現状では、権利に関する登記の受付日付よりも後の表示に関する登記の実行日が記載されることとなり、権利に関する登記より、表示に関する登記の日付が後となることから、日付が前後してしまうので、権利に関する登記が却下されてしまうこととなるからです。

　しかし、権利に関する登記については、受付順に登記をすることとされているので（不登20）、連件で同時に申請することが可能です。

　結局、上記の登記については、建物表題登記を先に完了させ、その後所有権保存登記と抵当権設定登記を連件で同時に申請するということになります。

　ちなみに、所有権保存登記と抵当権設定登記を同時に申請しない場

ケース編 第2章 抵当権・根抵当権の設定に関する登記 167

合には間に差押えの登記や第三者による抵当権設定登記等が介在する余地があるので、実務上は所有権保存登記と抵当権設定登記については連件で登記申請することが一般的ですが、もちろん間をあけて登記を申請することも可能です。

書 式

○抵当権設定登記申請書

登 記 申 請 書

登記の目的　　抵当権設定
原　　　因　　令和○年○月○日金銭消費貸借令和○年○月○日設定
債 権 額　　金○○万円
利　　　息　　年○パーセント
損 害 金　　年○パーセント
債 務 者　　アメリカ合衆国○州○市○通り○番地
　　　　　　　ABコーポレーション❶
抵 当 権 者　　○市○町○丁目○番○号
　　　　　　　株式会社○○銀行（会社法人等番号○○○○－○○－
　　　　　　　○○○○○○）
　　　　　　　代表取締役　○○○○
設 定 者　　アメリカ合衆国○州○市○通り○番地
　　　　　　　ABコーポレーション
添 付 情 報　　登記原因証明情報　登記識別情報❷　印鑑証明書
　　　　　　　会社法人等番号　代理権限証明情報
登記識別情報（登記済証）を提供することができない理由
□不通知　　　□失効　　　□失念　　　□管理支障　　　□取引円滑障害
□その他（　）　　　□登記識別情報の通知を希望しません。
令和○年○月○日申請　○○法務局
　　　　　　　　　　　〔以下略〕

168 ケース編 第2章 抵当権・根抵当権の設定に関する登記

＜作成上のポイント＞

❶ 外国会社なので外国会社の本店所在地及び商号を記載しますが、外国文字についてはカタカナ表記をすることとされていますので、申請情報のようにカタカナに直した上表示します。なお商号については、ローマ字の使用が認められています。

❷ 登記識別情報については、登記義務者の権利を取得した際に法務局から通知を受けた登記識別情報を添付する必要がありますが、前件で申請した所有権保存登記が完了した際に受領する予定登記識別情報の提供はできませんので、連件申請の場合には登記識別情報は提供したものとみなされ、実際に提供する必要はありません。

ケース編　第3章　変更・抹消・更正に関する登記　　169

第3章　変更・抹消・更正に関する登記

Case 7　所有権登記がなされている建物と未登記建物を合体させる場合

　私が勤めている丙銀行の配属先の支店に、返済が滞っている債務者甲がいます。任意売却も視野に入れ、現地を調査しに行ったところ、銀行の把握していない増築工事がなされており、担保に取っているA建物が、隣の敷地に建っているB建物と物理的につながり、1個のC建物になっていました。後日、土地家屋調査士に確認してもらったところ、A建物とB建物とは合体しているとのことでした。A建物の所有者は甲、B建物の所有者は乙で、甲と乙は親族関係にあります。A建物の底地の所有者は甲、B建物の底地の所有者は乙です。B建物は未登記です。この建物の状態を登記に反映することはできますか。また、抵当権の効力はどのようになるのでしょうか。

<困難要因>
▶所有権登記がなされている建物と未登記建物が構造上1個の建物になってしまっていること
▶合体する前に設定していた抵当権の効力がどのようになるのかということ

対処のポイント

　建物が合体しているかどうかは、人貨滞留性の判断が必要です。人貨滞留性がなく、合体していないとすると、A建物又はB建物

170 ケース編 第3章 変更・抹消・更正に関する登記

の増築登記をすることになります。通常、土地家屋調査士に判断
してもらうことになります。

解 説

1 建物の合体の意義

建物の合体とは、主従の関係にない数個の建物が増築等の工事によ
り構造上1個の建物となることをいいます。

主たる建物と従たる建物とが、増築等の工事により構造上1個の建
物となった場合は、建物の合体とはなりません。この場合は、建物の
表題部の変更となります。

増築等の工事を伴わずに、所有者の意思に基づき登記記録上数個あ
る建物の一方を他方の登記記録がある建物の附属建物とすることを、
建物の合併といいます。建物の合併は所有者の意思に基づくものです
から、所有者に申請義務はありません。また、所有者が異なる場合に
はすることができない等といった合併制限があります。

2 建物の合体と抵当権の効力

主従の関係にない数個の建物が1個の建物になった場合の所有権に
ついて、直接定めた条文はありません。この点について、判例は、主
従の関係にないA、B2個の建物がその間の隔壁を除去する等の工事
により1個のC建物となった場合において、A建物又はB建物の価値
は、C建物の価値の一部として存続しているものとみるべきであると
しており、民法244条を類推適用しています（最判平6・1・25民集48・
1・18）。

1個の建物になる前に付いていた抵当権の効力がどのようになるの
かについても、直接定めた条文はありません。この点について、判例

ケース編　第3章　変更・抹消・更正に関する登記　　171

は、主従の関係にないＡ、Ｂ2個の建物が、1個のＣ建物となった場合においても、これをもって、Ａ建物あるいはＢ建物を目的として設定されていた抵当権が消滅することはなく、その抵当権は、Ｃ建物のうちのＡ建物又はＢ建物の価格の割合に応じた持分を目的とするものとして存続すると解するのが相当であるとしています（最判平6・1・25民集48・1・18）。

3　建物の合体の態様となすべき登記

建物の合体の態様は6種類あります。

① 　未登記建物と表題登記のみがある建物との合体
② 　未登記建物と所有権の登記までなされている建物との合体
③ 　表題登記のみがある建物同士の合体
④ 　表題登記のみがある建物と所有権の登記までなされている建物との合体
⑤ 　所有権の登記がある建物同士の合体
⑥ 　未登記建物と、表題登記のみがある建物と、所有権の登記までなされている建物との合体

①〜⑥のいずれの場合も、合体前の建物についての建物の表題部の登記の抹消の登記と合体後の建物についての建物の表題登記の申請を行います。それに加え、②④⑥の場合には、合体前に所有権の登記がなされていない建物の所有者について、合体後の建物の登記名義人とする所有権の登記を併せて申請します（不登49①）。以上の登記（以下「合体による登記等」といいます。）は一の申請情報による登記の申請をします（不登令5①）。

未登記建物同士を増築等の工事により構造上1個の建物にしたときには、1個の建物として表題登記をし、所有権保存登記をすることになります。

172 　ケース編　第3章　変更・抹消・更正に関する登記

4　合体による登記等の申請

　合体による登記等の申請は、合体前の建物が未登記であるときはその所有者から、合体前の建物につき表題登記のみがされているときは表題部に記載された所有者から、合体前の建物につき権利の登記がされているときは所有権の登記名義人が申請人となります。この登記の申請は、合体前の建物の所有者等が異なる場合には、そのいずれかの者からすることもできます。

　登記の目的は、合体による建物の表題登記及び合体前の建物の表題部の登記の抹消（並びに所有権の保存の登記）となります。

　添付書面は、建物図面、各階平面図、所有権証明書、住所証明情報が基本的なものとなります。

　合体後の建物の持分の上に存続する抵当権等に関する登記がある場合には、合体後の建物の持分の割合を定めるについてのその登記名義人の承諾書（印鑑証明書付き。もっとも、法人のときは添付省略可能です。）又はこれに対抗することができる裁判の謄本を添付します（不登令別表⑬）。

　合体前の建物につき、所有権の登記がなされているときには、当該建物の登記済証、又は登記識別情報、及び当該建物の所有権登記名義人の印鑑証明書を添付します。所有権の登記がなされている建物が数個あるときは、いずれか一つの登記済証、又は登記識別情報を添付すればよいことになっています（不登22、不登令8・16、不登規47）。

　代理人による申請をするときに代理権限証明情報（不登令7①二）が必要です。

5　本件の検討

　本件では、甲が所有するA建物と乙が所有するB建物とが増築工事によりつながっており、建物の合体により1個のC建物になっています。

ケース編 第3章 変更・抹消・更正に関する登記 173

　この場合、Ｃ建物は甲と乙の共有となり、Ａ建物の価格と、Ｂ建物の価格、及び増築に関する出資額に応じて、甲と乙が持分を有することになります。

　Ａ建物に付いている銀行の抵当権の効力は、Ｃ建物における甲持分について存続することになります。

　本件では、Ａ建物が銀行の担保に入っているということから、所有権の登記がなされていることがうかがえます。そして、Ｂ建物は未登記です。この場合、所有権の登記があるＡ建物の所有権の登記名義人甲、又は表題登記がないＢ建物の所有者乙が申請人となって、合体後のＣ建物についての建物の表題登記、及び合体前のＡ建物についての建物の表題部の登記の抹消を申請することになります。また、甲及び乙をそれぞれ当該合体後のＣ建物の登記名義人とする所有権の登記を併せて申請することになります。以上の登記は一括で申請することになります。

　これにより、Ａ建物の登記記録は閉鎖され、Ｃ建物につき新たに登記記録が設けられます。また、合体前のＡ建物の抵当権も合体後のＣ建物の登記簿に移記され、登記の目的の記載が、甲持分抵当権設定と引き直されます。

書　式

○登記申請書

登 記 申 請 書

登記の目的　　合体による建物の表題登記及び合体前の建物の表題部の登記の抹消並びに所有権保存

174 ケース編 第3章 変更・抹消・更正に関する登記

添 付 情 報　　建物図面　各階平面図　登記識別情報❶　印鑑証明書❷
　　　　　　　　住所証明情報　所有権証明書❸　承諾書❹　代理権限
　　　　　　　　証明情報
令和○年○月○日申請　　　○○法務局
申 　請 　人　　○市○町○丁目○番○号
　　　　　　　　持分○分の○　甲❺
　　　　　　　　○市○町○丁目○番○号
　　　　　　　　持分○分の○　乙
建物の表示　　〔省略〕
1　所有権登記特定事項

家屋番号	順位番号	受付年月日及び受付番号	登記名義人の氏名・名称
○番の1	1番	平成○年○月○日第○号	甲

2　存続登記特定事項

家屋番号	順位番号	登記の目的	受付年月日及び受付番号	登記名義人の氏名・名称	目的となる権利
2番の1	乙区1番	抵当権設定	平成○年○月○日第○号	丙銀行	甲持分

法第74条第1項第1号の規定による乙のためにする所有権の保存の登記の申請
課 税 価 格　　〔省略〕
登録免許税　　〔省略〕

＜作成上のポイント＞

❶　所有権の登記名義人が所有権の登記がある建物の合体による登記等を申請する場合には、その建物の登記識別情報を申請書に添付することを要します。本件では、所有権の登記がなされているＡ建物の登記名義人

| ケース編 | 第3章　変更・抹消・更正に関する登記　175

甲が申請するため、A建物の登記識別情報を添付します。

❷　所有権の登記名義人が所有権の登記がある建物の合体による登記等を申請する場合には、その建物の所有者の印鑑証明書を申請書に添付します。本件では、所有権の登記がなされているA建物の登記名義人甲が申請するため、甲の印鑑証明書を添付します（法人のときは添付省略可能）。

❸　合体前の各建物の所有者が異なる場合には、所有権を証する書面として、合体前の各建物の所有者が合体後の建物について有することとなる持分の割合を証する書面を申請書に添付します。合体前の各建物の所有者全員が申請人である場合には、その申請書が持分の割合を証する書面を兼ねることになります。本件では、合体前のA建物の所有者甲及びB建物の所有者乙が申請人となっているので、申請書が所有権証明書を兼ねます。

❹　合体後の建物の持分の上に存続する抵当権等に関する登記がある場合には、合体後の建物の持分の割合を定めるについてのその登記名義人の承諾書（会社法人等番号がない場合は印鑑証明書付き）又はこれに対抗することができる裁判の謄本を申請書に添付することを要します。本件では、丙銀行の承諾書を添付します。

❺　合体前の各建物の所有者が異なるときは、それぞれの所有者が合体後の建物について有することとなる持分を申請書に記載します。

176　　ケース編　第3章　変更・抹消・更正に関する登記

Case 8　権利者又は義務者が所在不明になった土地の抵当権を抹消する場合

　父の不動産（本地及び私道並びに建物。以下「本件不動産」といいます。）を相続しました。私の両親は幼いときに離婚し、私は母と暮らしており、父とは長年疎遠でした。相続登記を自分でしようと思い、法務局で土地（本地及び私道）と建物の登記事項証明書を取得しました。本地と建物の登記内容を見ると、甲区1番に所有者として、父方の祖母の名義がありました。祖母は昭和○年に亡くなり、祖母の相続人は父だけです。甲区2番には市の差押えが入っており、甲区3番で甲区2番の差押登記が抹消されています。

　その他、乙区1番に根抵当権仮登記、乙区2番に賃借権仮登記が登記されていました。いずれも同じ法人（以下「法人A」といいます。）が登記名義人です。根抵当権の債権の範囲は、金銭消費貸借、手形債権、小切手債権、並びに昭和○年○月○日付不動産売却依頼及び斡旋取引契約による債権となっています。共同担保目録には、他の不動産の記載もありました。その不動産の登記事項証明書を取得して見てみると、法人Aの根抵当権仮登記及び賃借権仮登記が付いていましたが、祖母から第三者へ移転するのと同時に、抹消されていました。本件不動産の差押登記の抹消も同じ日になされていました。法人Aの登記事項証明書を請求してみましたが、取得できませんでした。

　また、近所の方々と共有している私道には、分譲した業者（以下「法人B」といいます。）の持分が残っており、その持分に設定した銀行の抵当権が登記されていました。法人Bの登記事項証明

ケース編 第3章 変更・抹消・更正に関する登記 177

書を請求してみたところ、こちらも取得できませんでした。銀行に確認したところ、法人Bの債務はなく、銀行としても抹消したいが、法人Bに連絡も取れず困っているとのことでした。私も、自分が共有する私道部分に抵当権が残ったままというのが気になるので、費用がかかっても解消したいと考えています。

　本件不動産に付いている法人Aの根抵当権仮登記及び賃借権仮登記と、私道に付いている銀行の法人B持分に対する抵当権を抹消することはできますか。

<困難要因>

▶本件不動産になされている登記の抹消登記の義務者の登記事項証明書（閉鎖謄本を含む。）を取得できず、連絡を取ることが困難であること

▶私道になされている登記の抹消登記の権利者の登記事項証明書（閉鎖謄本を含む。）を取得できず、連絡を取ることが困難である上、いわゆる休眠担保の規定が適用できないこと

対処のポイント

　依頼者は、本件不動産について、休眠担保の規定を使って、根抵当権仮登記と賃借権仮登記を抹消することができます。また、私道について、裁判所の決定を得て所在等不明共有者の不動産の持分を取得すれば、銀行と抵当権抹消登記手続をすることができます。本件不動産に関しては、訴訟を利用するという方法も考えられます。弁護士と司法書士と連携して相談を受けるとよいでしょう。

178　　ケース編　第3章　変更・抹消・更正に関する登記

解説

1　本件の事案の整理

　登記簿から推測する限り、本件の事案の経緯は次のとおりです。依頼者の祖母が税金を滞納するほどの資金繰りとなり、所有している（甲区1番）不動産に差押えがされました（甲区2番）。幸い、不動産を複数所有していたことから、法人Aに本件不動産以外の不動産の売却を依頼しました。法人Aは、自己の報酬の回収を保全するため、祖母の所有していた不動産に根抵当権仮登記（乙区1番）及び賃借権仮登記（乙区2番）を設定しました。昔は、抵当権、所有権仮登記、賃借権仮登記のいわゆる三種の神器といわれる担保の取り方がよく見られました。本件の担保の取り方もその亜流といえます。そして、不動産の売却は無事になされ、差押えも抹消されました（甲区3番）。法人Aが設定した登記は、売却した不動産については抹消されましたが、本件不動産の抹消を忘れ、登記が残ってしまいました。

　また、本件不動産がある一帯は、法人Bが銀行から借入れをして購入し、数区画に分けて分譲販売しました。私道の持分を全て移転すべきところ、法人Bの管理が不十分で、法人B名義の持分が残っており、その持分に抵当権が残っています。

　法人A及びBの謄本を取得することができなかったとのことですが、閉鎖登記簿すら存在しない理由としては、保存期間が経過して閉鎖登記簿が廃棄されたケースが想定されます。解散の登記をした後10年を経過したときは登記記録を閉鎖することができ（商登則81①一、一般法人登則3）、閉鎖登記簿の保存期間は閉鎖した日から20年間（商登則34④二、一般法人登則3）とされています。そのため、法人A及びBは30年以上前に解散したのではないかと考えられます。

ケース編　第3章　変更・抹消・更正に関する登記　　179

2　休眠担保権の抹消に関する規定

　いわゆる休眠担保の抹消に関する規定として、共同して登記の抹消の申請をすべき者の所在が知れないときに、裁判所に公示催告の申立てをし、除権決定を得て単独で抹消登記を申請する方法（不登70①③）があります。

　もっとも、この方法は必ずしも利用されておらず、実務的には、所在不明の登記義務者を被告として抹消登記手続請求訴訟を提起して公示送達を申し立て、勝訴判決を得た上で、確定判決に基づき単独で登記の抹消をする方法（不登63①）が選択されることの方が多いといわれています。

　共同して登記の抹消の申請をすべき者の所在が知れないときに、先取特権、質権又は抵当権の被担保債権（以下「抵当権等の被担保債権」といいます。）に関して債権証書並びに被担保債権及び最後の2年分の利息その他の定期金の完全な弁済があったことを証する情報を提供して単独で抹消登記を申請する方法（不登70④前段）、抵当権等の被担保債権の弁済期から20年を経過し、かつ、その期間を経過した後に当該被担保債権、その利息及び債務不履行により生じた損害の全額に相当する金銭を供託して単独で抹消登記を申請する方法（不登70④後段）もあります。

　もっとも、前者については、債務者が債務を弁済して債権証書や受取証の交付まで受けながら、担保権の登記を抹消しないでいる間に担保権者が行方不明になるというような事態は稀であることなどから、現実にはあまり利用されていないようです。また、後者についても、所在不明者が法人である場合には、登記記録に当該法人について記録がなく、かつ、閉鎖した登記記録が保存期間を経過して保存されていないため、その存在を確認することができない場合が該当すると解されている（昭63・7・1民三3456）ため、その適用の場面は限られています。

180　　ケース編　第3章　変更・抹消・更正に関する登記

　令和3年の不動産登記法の改正（令和5年4月1日施行）によって、裁判所に公示催告の申立てをし、除権決定を得て単独で抹消登記を申請する方法の特例として、地上権、永小作権、質権、賃借権若しくは採石権に関する登記又は買戻しの特約に関する登記であり、かつ、登記された存続期間又は買戻しの期間が満了している場合において、相当の調査が行われたと認められるものとして法務省令で定める方法（不登規152の2）により調査を行ってもなお共同して登記の抹消の申請をすべき者の所在が判明しないときは、その者の所在が知れないものとみなす規定が設けられました（不登70②）。

　また、解散した法人の担保権に関する登記に関して、法人が解散して、相当の調査が行われたと認められるものとして法務省令で定める方法により調査を行ってもなおその法人の清算人の所在が判明しないためその法人と共同して先取特権、質権又は抵当権に関する登記の抹消を申請することができない場合において、被担保債権の弁済期から30年を経過し、かつ、当該法人の解散の日から30年を経過したときは、単独で当該登記の抹消を申請することができるとする規定も設けられました（不登70の2）。

3　所在等不明共有者の不動産の持分の取得

　令和3年の民法改正（令和5年4月1日施行）によって、共有者が他の共有者を知ることができず、又はその所在を知ることができないとき、共有者は、裁判所の決定を得て、所在等不明共有者の不動産の持分を取得することができるようになりました（民262の2）。

　所在等不明共有者の持分の取得を望む共有者は、不動産の所在地の地方裁判所に対して申立てを行います。これを受けて、裁判所は異議届出期間等の公告、及び登記簿上の共有者への通知をします。異議の届出の期間内に所在等不明共有者又は申立人以外の共有者から異議の

ケース編 第3章 変更・抹消・更正に関する登記　　181

届出がなければ、裁判所は申立人に対して時価相当額の金銭の供託を
命じ、取得の裁判をすることができます。

　申立てをした共有者が所在等不明共有者の持分を取得したときは、
所在等不明共有者は、当該共有者に対し、当該共有者が取得した持分
の時価相当額の支払を請求することができます。実際には、供託金か
ら支払を受けることになります。

4　所在不明者の調査

　「共同して登記の抹消の申請をすべき者の所在が知れないとき」（不
登70①）の調査は、相手方が自然人の場合、①市区町村長の証明書、②
警察官の証明書、③民生委員の証明書、④受領催告書の不到達証明書
のいずれか一つを提出することになります。相手方が法人の場合は、
その法人が法人登記簿又は法人閉鎖登記簿に記載されていないことを
調査することになります。令和3年の不動産登記法の改正（令和5年
4月1日施行）における相当の調査が行われたと認められるものとし
て法務省令で定める方法による調査も現地調査は不要とされています
（詳細は後掲参照）。

　「共有物の管理者が共有者を知ることができず、又はその所在を知
ることができないとき」（民262の2①）の調査方法は登記名義人、登記
名義人のほかに所有者と思慮される者、所有者を確知するために必要
な情報を保有すると思われる者、登記名義人の相続人や解散した法人
を承継した法人に対する書面の送付や訪問により調査することになり
ます。

5　本地と建物の乙区1番の根抵当権仮登記について

　乙区1番には、法人Aの根抵当権仮登記が付いています。法人Aは
解散してから30年経過していると考えられます。そのため、被担保債

権の弁済期から30年を経過している場合、相当の調査が行われたと認められるものとして法務省令で定める方法により調査を行ってもなお法人Ａの清算人の所在が判明しないときは、依頼者は、単独で抹消登記をすることができます。

根抵当権の場合における弁済期は、元本の確定の日とみなすものとします。元本の確定の日は、元本の確定の登記があるとき、又は登記簿上元本が確定したことが明らかであるとき（民398の6④・398の20①一～三参照）はその記載により、それ以外の場合には当該担保権の設定の日から３年を経過した日（民398の19①参照）を元本の確定の日とみなすものとします。

6　本地と建物の乙区２番の賃借権仮登記について

乙区２番には、賃借権仮登記が付いています。登記された存続期間が満了している場合、相当の調査が行われたと認められるものとして法務省令で定める方法により調査を行ってもなお法人Ａの所在が判明しないときは、依頼者は裁判所に公示催告の申立てをし、除権決定を得て単独で抹消登記をすることができます。

登記された存続期間が満了していない場合、法人Ａの所在が知れないときには、依頼者は裁判所に公示催告の申立てをし、除権決定を得て単独で抹消登記を申請することができます。

7　私道の法人Ｂの持分に付いている抵当権について

本件私道には、法人Ｂの持分に対して、銀行の抵当権が付いています。この抵当権は、法人Ｂと銀行とで抹消登記手続をすべきものであり、本来依頼者が関与できるものではありません。もっとも、依頼者が法人Ｂの持分を取得すれば、銀行と抵当権抹消登記手続をすることができます。そこで依頼者は、裁判所の決定を得て所在等不明共有者

ケース編　第3章　変更・抹消・更正に関する登記　　183

たる法人Bの不動産の持分を取得すれば、銀行と抵当権抹消登記手続
をすることができます。

【改正不動産登記法70条2項の「相当の調査が行われたと認められる
ものとして法務省令で定める方法」】

登記義務者が自然人である場合　ⅰ・ⅱの措置	
ⅰ	共同して登記の抹消の申請をすべき者の調査として次の①～⑤に掲げる措置
①	登記義務者が記録されている住民基本台帳、除票簿、戸籍簿、除籍簿、戸籍の附票又は戸籍の附票の除票簿（以下「住民基本台帳等」という。）を備えると思料される市町村の長に対する登記義務者の住民票の写し又は住民票記載事項証明書、除票の写し又は除票記載事項証明書、戸籍及び除かれた戸籍の謄本又は全部事項証明書並びに戸籍の附票の写し及び戸籍の附票の除票の写し（以下「住民票の写し等」という。）の交付の請求

↓　①の措置により登記義務者の死亡が判明した場合

②	登記義務者が記録されている戸籍簿又は除籍簿を備えると思料される市町村の長に対する登記義務者の出生時からの戸籍及び除かれた戸籍の謄本又は全部事項証明書の交付の請求

↓　②の措置により登記義務者の相続人が判明した場合

③	当該相続人が記録されている戸籍簿又は除籍簿を備えると思料される市町村の長に対する当該相続人の戸籍及び除かれた戸籍の謄本又は全部事項証明書の交付の請求

↓　③の措置により登記義務者の相続人の死亡が判明した場合

④	死亡した登記義務者の相続人についてとる②及び③に掲げる措置

↓　①～④の措置により共同して登記の抹消の申請をすべき者が判明した場合

⑤	措置により判明した共同して登記の抹消の申請をすべき者が記録されている住民基本台帳又は戸籍の附票を備えると思料される市町村の長に対する当該者の住民票の写し又は住民票記載事項証明書及び戸籍の附票の写し（①の措置により交付の請求をしたものを除く。）の交付の請求

ii	共同して登記の抹消の申請をすべき者の所在の調査として書留郵便その他配達を試みたことを証明することができる方法による次の①及び②に掲げる措置
①	登記義務者の不動産の登記簿上の住所に宛ててする登記義務者に対する書面の送付（ⅰの措置により登記義務者の死亡及び共同して登記の抹消の申請をすべき者が所在すると思料される場所が判明した場合を除く。）
②	ⅰの措置により共同して登記の抹消の申請をすべき者が所在すると思料される場所が判明した場合には、その場所に宛ててする当該者に対する書面の送付
登記義務者が法人である場合　　ⅰ～ⅳの措置	
ⅰ	共同して登記の抹消の申請をすべき者の調査として次の①及び②に掲げる措置
①	登記義務者の法人の登記簿を備えると思料される登記所の登記官に対する登記義務者の登記事項証明書の交付の請求
↓　登記義務者が合併により解散していることが判明した場合	
②	登記義務者の合併後存続し、又は合併により設立された法人についてとる①に掲げる措置
ⅱ	ⅰの措置により法人の登記簿に共同して登記の抹消の申請をすべき者の代表者（共同して登記の抹消の申請をすべき者が合併以外の事由により解散した法人である場合には、その清算人又は破産管財人。以下同じ。）として登記されている者が判明した場合には、当該代表者の調査として当該代表者が記録されている住民基本台帳等を備えると思料される市町村の長に対する当該代表者の住民票の写し等の交付の請求
ⅲ	共同して登記の抹消の申請をすべき者の所在の調査として書留郵便その他配達を試みたことを証明することができる方法による次の①及び②に掲げる措置
①	登記義務者の不動産の登記簿上の住所に宛ててする登記義務者に対する書面の送付（ⅰの措置により登記義務者が合併により解散していること及び共同して登記の抹消の申請をすべき者が所在すると思料される場所が判明した場合を除く。）

②	ⅰの措置により共同して登記の抹消の申請をすべき者が所在すると思料される場所が判明した場合には、その場所に宛ててする当該者に対する書面の送付
ⅳ	ⅰ及びⅱの措置により共同して登記の抹消の申請をすべき者の代表者が判明した場合には、当該代表者の所在の調査として書留郵便その他配達を試みたことを証明することができる方法による次の①及び②に掲げる措置
①	共同して登記の抹消の申請をすべき者の法人の登記簿上の代表者の住所に宛ててする当該代表者に対する書面の送付
②	ⅰ及びⅱの措置により当該代表者が所在すると思料される場所が判明した場合には、その場所に宛ててする当該代表者に対する書面の送付

186 ケース編 第3章 変更・抹消・更正に関する登記

Case 9 　所有権の登記名義が相続財産法人とされた後に相続人の存在が明らかとなり、登記手続をやり直す場合

　土地の所有者が死亡し、その相続人の存在、不存在が明らかでないとして相続財産清算人が選任され、相続財産法人名義に付記登記をしましたが、その直後に相続人が1名判明しました。当該相続人は相続放棄の申述をせず、土地を相続することになりました。このような場合には、どのような登記手続が必要になるのでしょうか。

＜困難要因＞
　▶土地について相続財産法人名義に付記登記がされていること
　▶相続財産法人名義の付記登記を抹消する必要があるか検討を要すること
　▶相続財産法人名義の付記登記を抹消するとして、どのような登記原因証明情報を提出するか検討を要すること

対処のポイント

　土地について相続財産法人名義に付記登記がされていますが、相続人のあることが明らかになったときは、相続財産法人は、成立しなかったものとみなされます（民955）。相続財産法人が成立していないのですから、相続財産法人名義の付記登記は抹消すべき登記と考えられますが、実際にどのような登記手続を選択するかについては留意が必要です。

ケース編　第3章　変更・抹消・更正に関する登記　187

解　説

1　相続財産法人の成立

相続人のあることが明らかでないときは、相続財産法人が成立します（民951）。この場合、家庭裁判所は、利害関係人又は検察官の請求によって、相続財産清算人を選任します（民952）。

2　相続財産法人の名義にする登記

相続財産法人が成立した場合において、相続財産法人名義にする登記は、登記名義人の表示の変更の登記に準じて、付記登記によるとされています（昭10・1・14民事甲39）。

土地の権利部について、被相続人名義への所有権の移転の登記がされていない場合には、相続による所有権の移転の登記を行った後で、相続財産法人名義にする登記名義人の氏名変更、又は住所、氏名の変更の登記を行います。

土地よりも建物の事例が多いと思われますが、表題部に被相続人が所有者として登記され、権利の登記がされていない場合には、相続財産法人名義に所有権の保存の登記を申請することができます。

【登記記録例１】（記録例195を参考に作成）

権　利　部（甲区）　　（所有権に関する事項）			
順位番号	登記の目的	受付年月日・受付番号	権利者その他の事項
2	所有権移転	令和５年12月４日第1215号	原因　平成２年２月２日相続所有者　○市○町○丁目○番○号 　　　　司法一郎
付記１号	２番登記名義人氏名変更	令和５年12月４日第1216号	原因　令和４年５月６日相続人不存在 登記名義人　亡司法一郎相続財産

188 　ケース編　第3章　変更・抹消・更正に関する登記

【登記記録例2】

表題部(主である建物の表示)	調製	余白		不動産番号	1234567890123
所在図番号	余　白				
所　　　在	○市○町○丁目○番地			余　　白	
家屋番号	○番			余　　白	
①　種　　類	②　構　　造	③　床面積　㎡		原因及びその日付〔登記の日付〕	
居宅	木造かわらぶき2階建	1階　111 2階　　55	11 55	平成12年3月30日新築〔平成12年6月15日〕	
所有者	○市○町○丁目○番○号　司法一郎				

権　利　部　(甲区)　　　(所有権に関する事項)			
順位番号	登記の目的	受付年月日・受付番号	権利者その他の事項
1	所有権保存	令和5年12月4日 第1217号	所有者　○市○町○丁目○番○号 亡司法一郎相続財産

3　相続財産法人の名義にする登記の申請人

　相続財産法人名義とする登記は、相続財産清算人から申請することになります。この他に相続財産清算人が相続財産法人への変更登記の申請を行わない場合には、債権者は相続財産清算人に代位して相続財産法人への変更登記の申請を行うことができます。

　なお、相続人のいない遺言者が清算型遺言を残して死亡した場合において、遺言執行者が選任又は指定されているときは、相続財産清算人を選任せずとも遺言執行者が相続財産法人への変更登記を申請することができることとされています（登記研究619・219）。

4　相続人が明らかになったときの効果

相続財産法人が成立したとして家庭裁判所が相続財産清算人を選任した後に、相続人のあることが明らかになったときは、相続財産法人は、成立しなかったものとみなされます（民955）。

相続財産清算人が選任されたのちに相続人が明らかになる理由として、次のような場合が考えられます。

① 相続人が発見された場合

相続財産清算人を選任したときは、家庭裁判所は、遅滞なく、その旨及び相続人があるならば一定の期間内にその権利を主張すべき旨を公告しなければならない（民952②）とされていますが、この公告により相続人が判明した場合が考えられます。

② 相続の放棄が取り消された場合（民919②）

相続の放棄は、自己のために相続の開始があったことを知った時から3か月以内の熟慮期間内（民915①）でも、撤回することができない（民919①）とされていますが、民法第1編（総則）及び第4編（親族）の規定により相続の放棄の取消しをすることを妨げないとしています（民919②）。よって、相続の放棄の申述が詐欺や強迫によって取り消される場合や、成年被後見人が行った相続の放棄の申述が取り消される場合が考えられます。

③ 相続の放棄をした相続人の法定単純承認（民921）が判明した場合

相続の放棄をした相続人について相続の放棄の申述の後に、例えば、相続財産の全部若しくは一部を隠匿した等の民法921条に定める法定単純承認が判明した場合が考えられます。

このような場合には相続財産法人は、成立しなかったものとみなされますので、相続財産法人名義の付記登記は無効な登記になります。

190　ケース編　第3章　変更・抹消・更正に関する登記

5　相続財産法人が成立していなかった場合の相続財産法人名義の付記登記

　土地について相続財産法人名義に付記登記がされていたが、相続人のあることが明らかになったときは、相続財産法人は、成立しなかったものとみなされます（民955）。相続財産法人が成立していないのですから、相続財産法人名義の付記登記は無効であり抹消すべき登記となりますが、実際にどのような登記手続を選択するかについては留意が必要です。

6　相続財産法人名義の付記登記の抹消登記

　相続財産法人名義の付記登記は無効ですので抹消すべき登記となります。相続財産法人名義の付記登記の抹消登記に関しては、次の問題が指摘されています（登記研究580・123「登記簿」）。

①　抹消登記の申請人は誰か

②　被相続人の氏名（住所の変更もされている場合には氏名及び住所）には下線が引かれ抹消されているが、この部分をどうするのか

③　前記4③の場合の相続の放棄が無効であることを証する書面をどうするのか

　①の抹消登記の申請人については、登記権利者として被相続人の相続人、登記義務者として相続財産清算人とする共同申請により申請する方法や、相続財産清算人が単独申請で抹消登記を申請する方法が考えられますが、相続財産清算人の代理権は、相続人が相続の承認をした時に消滅する（民955①）とされていることから相続財産清算人が登記を申請する権限があるかについて疑義があります。

　②の登記の方法については、下線が引かれ抹消された被相続人の氏名や住所の登記は回復されるものと思われます。しかし、これは登記所側の処理になりますので、登記所の処理に任せるほかありません。

ケース編　第3章　変更・抹消・更正に関する登記　　191

③の前記4③の場合の登記原因証明情報（相続の放棄が無効であることを証する書面）については、登記研究580号123頁「登記簿」の中では法定相続人全員の上申書（印鑑証明書付）や、相続の放棄が無効であることが判決の主文又は判決の理由中から分かる判決が一応考えられていますが、前記4①及び②の場合も含め、どのような書面が登記原因証明情報に該当するかについては、事前に登記所に相談する必要があると考えられます。

7　相続財産法人名義の付記登記を抹消しない方法

相続財産法人名義に付記登記がされた後に相続人の存在が判明した場合において、当該相続人のために相続登記をするには、相続財産法人名義の付記登記の抹消手続をすることを要しないものとされています（登記研究311・79。旧法当時家督相続人がないものとして相続財産法人名義に変更登記がなされている場合において、新法施行により相続人があるときは、相続財産法人名義への附記登記を抹消することなく、相続登記をすることができるとした先例として、昭30・5・28民事甲1047民事局長回答）。

相続人が判明した場合には、本件土地には当該相続人のために相続による所有権の移転の登記を行うことになりますが、その際には、相続財産法人名義の付記登記の抹消手続をすることを要しないことになります。

この方法によると、相続財産法人名義の無効な付記登記が残ったままになってしまい、同日の相続人不存在による付記登記と、同日の相続を原因とする所有権の移転の登記がされたままになりますが、付記登記と、相続による所有権の移転の登記申請の受付番号から、相続財産清算人が選任されたのちに相続人が判明したことを推測することができるため、問題になる事例は少ないと思われます。

192　　ケース編　第3章　変更・抹消・更正に関する登記

【登記記録例】

権　利　部（甲区）	（所有権に関する事項）		
順位番号	登記の目的	受付年月日・受付番号	権利者その他の事項
2	所有権移転	令和5年12月4日 第1215号	原因　平成2年2月2日相続 所有者　○市○町○丁目○番 　　　　○号 　　　　司法一郎
付記1号	2番登記名義人氏名変更	令和5年12月4日 第1216号	原因　令和4年5月6日相続 　　　人不存在 登記名義人　亡司法一郎相続 　　　　　　財産
3	所有権移転	令和6年2月15日 第26号	原因　令和4年5月6日相続 所有者　○市○町○丁目○番 　　　　○号 　　　　司法太郎

ケース編　第3章　変更・抹消・更正に関する登記　　193

Case10　地目が非農地である土地に設定されている、農地法上の許可取得が条件となっている所有権移転仮登記を処理する場合

　ある土地の所有者Cから、先代Aの相続登記をしたところ私D
の父Bが仮登記権利者になっていることを知り、その状態を解消
してほしいと連絡が来ました。登記簿をみると、確かにAからB
へ農地法上の許可取得を条件とし、売買を原因とする所有権移転
仮登記がなされていました。仮登記よりも後に、地目が農地から
非農地に変更されています。その後、Bは死亡しました。Bの相
続人は私だけです。登記簿上のBの住所は、私の知らない住所で
した。Bの住所の変遷を確認しようと、役所に行きましたが、死
亡後10年以上経過しており、住民票も、戸籍の附票の除票も取得
することができませんでした。また、役所で農地転用の許可がな
されているかどうかを照会したのですが、許可はなされていない
とのことでした。後日、その土地を譲ってほしいという人Eが現
れました。Cに確認したところ、Eに譲っても構わないとのこと
でした。この際、売買契約は誰との間で結べばよく、どのような
登記手続が必要になるのでしょうか。

＜困難要因＞

▶仮登記の条件となる農地法上の許可を得ずに地目が変更されていること

▶仮登記権利者の住所証明情報を取得することができないこと

194　　ケース編　第3章　変更・抹消・更正に関する登記

対処のポイント

　Eは登記簿上の所有者Cとではなく仮登記権利者Bの相続人D
と売買契約を締結します。AB間で売買契約を解除した等との事
情が判明した場合でも、地目変更登記との時期に留意が必要です。

解　説

1　農地の地目変更と農地法上の転用許可

　地目変更の登記は、土地の物理的な利用状況を変更することにある
ため、現況が農地以外に変更されていれば、変更の原因を問わず、た
とえ農地法に違反する転用であったとしても、登記は受理せざるを得
ない（昭36・8・24民事甲1778）とされていた時期がありました。

　しかし、それでは不動産登記の申請で農地法の趣旨を逸脱する事態
が発生することになることから、農地に該当しない旨の証明書、又は
転用許可証明書を添付しないで地目変更登記を申請した場合、法務局
は農業委員会に文書で照会し、農業委員会から転用を認める旨の調査
結果を受けないと地目変更登記をすることができないこととされまし
た（昭56・8・28民三5402、昭56・8・28民三5403）。

　本件土地は、昭和56年8月以前に売買契約が締結され、農地法上の
許可取得を所有権移転の停止条件とする所有権移転仮登記がなされた
ものの、農地法上の許可を得ないまま地目変更登記が申請され受理さ
れたものと考えられます。

2　仮登記をした売買による所有権移転の時期

　農地について、農地法上の許可取得を停止条件とする所有権移転の
仮登記をした後、当該農地が地目変更の登記申請によって非農地とな

った場合、当該地目変更の登記原因の日をもって条件が無条件になったものとみなされます（登記研究868・52参照）。

なお、ＡＢ間で売買契約を解除した等の事情が判明した場合、その時期が地目変更登記よりも前であるときは、ＣＤで所有権移転の仮登記を抹消し、ＣＥで所有権移転登記をすることになります。また、ＡＢ間で売買契約を解除した等の時期が地目変更登記よりも後であるときは、一旦ＣＤで所有権移転の仮登記の本登記をしてから所有権移転登記を抹消し、ＣＥで所有権移転登記をすることになります。

3　仮登記権利者の住所変更登記

仮登記権利者の氏名等に変更（更正）が生じているときは、本登記の前提として、仮登記名義人氏名変更（更正）の登記等が必要となります（昭38・12・27民事甲3315）。

住民票の除票や、戸籍の附票の除票が取得できず、仮登記権利者の住所証明情報を添付することができない場合、本籍を住所として登記することができます（昭32・6・27民事甲1230）。

この場合、仮登記権利者の住所が申請当時正しいものであれば、住所更正登記ではなく、年月日不詳を原因とする住所変更登記を申請するのではないかとも考えられますが、登記実務では住所更正登記を申請することになります。

本件では、仮登記権利者Ｂの住所更正登記を、Ｄが相続人による申請（不登62）を行うことになります（後掲書式1／4）。

このとき、登記原因証明情報として、Ｂの戸籍を添付します。また、公的書面で錯誤の原因を証明することができないことから、仮登記の登記済証を添付する必要があります（登記研究858・47参照）。登記済証がない場合には、Ｄからの上申書及びＤの印鑑証明書を添付します。

なお、令和元年6月20日から、住民基本台帳法の一部が改正され、

196　ケース編　第3章　変更・抹消・更正に関する登記

平成26年6月19日以前に消除又は改製されなかった住民票の除票及び戸籍の附票の除票は、保存期間が150年となりました。これにより、上記のような問題が解消されることが期待されます。

4　その他の登記

　Bは所有権移転仮登記後に死亡しているため、CDで仮登記の本登記を申請（後掲書式2／4）して、DがBの所有権の相続登記を申請します（後掲書式3／4）。仮登記の本登記の登録免許税は租税特別措置法の適用や仮登記をした時期により、税率が相違するので注意が必要です。本件仮登記の本登記の登録免許税は、本件仮登記が昭和56年8月以前になされていることから、1000分の12（登税17①、措法72③）となります。

　もし、Bが所有権移転仮登記よりも前に死亡していた場合には、DがBの仮登記の相続による移転登記を申請して、CDで仮登記の本登記を申請します。

　どちらの場合にしろ、Cの相続登記は不動産登記法109条2項の規定を類推適用して職権により抹消するものとされています（登記研究868・52）。

　その後、DEで所有権移転登記を申請します（後掲書式4／4）。

書　式

○登記申請書（1／4）

```
                    登 記 申 請 書

登 記 の 目 的    ○番所有権仮登記名義人住所更正❶
原      因    錯誤
更正後の事項    住所　○市○町○丁目○番○号❷
```

ケース編 第3章 変更・抹消・更正に関する登記　　197

```
申　　請　　人　　○市○町○丁目○番○号
　　　　　　　　　　亡Ｂ
　　　　　　　　　　○市○町○丁目○番○号
　　　　　　　　　　上記相続人Ｄ
添　付　情　報　　登記原因証明情報❸　相続証明書❹
令和○年○月○日申請　○○法務局
登　録　免　許　税　　〔省略〕
不動産の表示　　〔省略〕
```

＜作成上のポイント＞

❶　仮登記の本登記による所有権移転登記の前提登記として、Ｂの住所を
更正します。

❷　本件では、Ｂの最後の本籍を住所として申請します（昭32・6・27民事甲
1230）。

❸　本件では、Ｂの死亡が記載された戸籍、上申書、Ｄの印鑑証明書を添付
します。

❹　相続人からの申請なので相続証明書が必要となります。本件では、亡
Ｂが死亡したことが記載されている戸籍と、Ｄが亡Ｂの相続人であるこ
とが分かる戸籍を添付します。

○上申書

```
　　　　　　　　　　　上　申　書


　○○法務局　御中
　ＡＢは、○年○月○日に農地法上の許可取得を停止条件とする売買
契約を締結し、○年○月○日にその旨の登記を申請し受理されました。
　その際、○市○町○丁目○番○号をＢの住所として申請いたしまし
た。その後、Ｂが死亡し、Ｂの最終住所を調べたところ、保管期間が
経過していたため、Ｂの住民票の除票及び戸籍の附票の除票を取得す
ることができず、Ｂの住所の変遷を追うことができませんでした。
```

198 ケース編 第3章 変更・抹消・更正に関する登記

　また、仮登記の登記済証を探しましたが、見つかりませんでした。
　しかしながら、Bは登記簿上のB本人であることに間違いありません。所有権移転の仮登記の本登記を申請するに当たり、Bの最終住所を定める必要があり、本籍を住所として申請せざるを得ません。
　またBの相続人は私だけであり、本登記が受理されることにより、その権利関係に関して今後いかなる紛争も生じないことを確約し、決して御庁にはご迷惑をお掛けいたしません。❶
　不動産の表示　〔省略〕
　令和○年○月○日
　　　○市○町○丁目○番○号
　　　　　D　㊞❷

＜作成上のポイント＞

❶　事件の経緯、必要書類の取得等を試みたが取得等できなかったことを説明すること、後日紛争が起きないことの説明をすることがポイントです。

❷　Dの実印を押印します。

○登記申請書（2／4）

登 記 申 請 書

登 記 の 目 的　所有権移転（○番仮登記の本登記）❶
原　　　　因　平成○年○月○日売買❷
権　利　者　○市○町○丁目○番○号
　　　　　　　　　亡B
　　　　　　　○市○町○丁目○番○号
　　　　　　　　　上記相続人D
義　務　者　○市○町○丁目○番○号
　　　　　　　　　C
添 付 情 報　登記済証❸　登記原因証明情報　印鑑証明書❹
　　　　　　　住所証明情報❺　相続証明書❻

ケース編 第3章 変更・抹消・更正に関する登記 199

```
令和○年○月○日申請　○○法務局
課 税 価 格　　〔省略〕
登 録 免 許 税❼　〔省略〕
不動産の表示　　〔省略〕
```

＜作成上のポイント＞

❶　Cから亡Bに所有権を移転します。

❷　原因日付は、地目変更の登記原因の日です（登記研究575・121）。

❸　本件では、AからCへの相続登記の際に発行された登記識別情報（登記済証）を添付します。

❹　本件では、Cの3か月以内の印鑑証明書を添付します。

❺　本件では、亡Bの住所証明情報を添付することになりますが、亡くなってから時間が経っている人だと除票や戸籍の除附票が廃棄されている場合があります。その際には本籍で登記することが認められていますので（昭32・6・27民甲1230）、最後の戸籍と前掲「登記申請書（1／4）」で添付した上申書を添付します。そのため、前掲「登記申請書（1／4）」で原本還付をする必要があります。

❻　相続人からの申請なので相続証明書が必要となります。本件では、亡Bが死亡したことが記載されている戸籍と、Dが亡Bの相続人であることが分かる戸籍を添付します。

❼　仮登記の本登記の登録免許税は租税特別措置法の適用や仮登記をした時期により、税率が相違します。例えば、土地の売買の場合、平成15年3月31日以前は、登録免許税1000分の12、平成15年4月1日から平成18年3月31日までは1000分の7.5、平成18年4月1日以降は1000分の5となります（登税17①、措法72③）。

○登記申請書（3／4）

```
　　　　　　　　　登 記 申 請 書

登 記 の 目 的　　所有権移転❶
```

200　　ケース編　第3章　変更・抹消・更正に関する登記

```
原　　　因　　平成○年○月○日相続
相　続　人　　（被相続人B）
　　　　　　　○市○町○丁目○番○号
　　　　　　　　　D
添 付 情 報　　登記原因証明情報❷　住所証明情報❸
令和○年○月○日申請　○○法務局
課 税 価 格　　〔省略〕
登 録 免 許 税　〔省略〕
不動産の表示　　〔省略〕
```

＜作成上のポイント＞

❶　亡BからDへ相続による所有権移転をします。

❷　本件では、亡BからDへの相続を証する戸籍を添付します。相続人が
　Dだけであることが分かる亡Bの出生から死亡までの戸籍、及びDの現
　在戸籍を添付します。

❸　本件では、Dの住民票（本籍入り）を添付します。

○登記申請書（4／4）

```
　　　　　　　　登 記 申 請 書

登 記 の 目 的　　所有権移転❶
原　　　因　　令和○年○月○日売買
権 利 者　　○市○町○丁目○番○号
　　　　　　　　　E
義 務 者　　○市○町○丁目○番○号
　　　　　　　　　D
添 付 情 報　　登記識別情報❷　登記原因証明情報　印鑑証明
　　　　　　　書❸　住所証明情報❹
令和○年○月○日申請　○○法務局
課 税 価 格　　〔省略〕
```

| ケース編 | 第3章　変更・抹消・更正に関する登記 | 201 |

登録免許税　　　〔省略〕
不動産の表示　　〔省略〕

＜作成上のポイント＞

❶　DからEへ売買による所有権移転をします。

❷　本件では、前掲「登記申請書（3／4）」の申請と連件申請することによって、添付されているものとみなされます（不登規67）。

❸　本件では、Dの3か月以内の印鑑証明書を添付します。

❹　本件では、Eの住民票を添付します。

第4章　仮差押え・仮処分に関する登記

Case11　未登記不動産に対する仮差押命令手続を行う場合

当社（株式会社Ｘ）は、Ｙの依頼でＹの所有する未登記のＡ建物に増築工事をしましたが、請負代金を支払ってもらえません。請負代金請求訴訟を起こしたいと考えていますが、どうやらＹはＡ建物を売却しようとしているようです。将来の強制執行に備えて、Ａ建物を仮差押えしたいのですが、どのような手続が必要になるのでしょうか。

＜困難要因＞

▶仮差押命令の申立書に未登記不動産が債務者の所有に属することを証する書面の添付が必要であること

▶仮差押命令の申立書に、未登記不動産が土地である場合は土地所在図及び地積測量図が、建物である場合は建物図面及び各階平面図の添付が必要であること

対処のポイント

未登記不動産が債務者の所有に属することを疎明ではなく、証明する必要があります。

地積測量図や建物図面等の図面は、不動産登記規則に定める内容を記載しなければなりません。

> 解　説

1　仮差押命令発令の要件

　仮差押命令は民事保全命令の一類型ですが、民事保全命令の発令の一般的な要件は以下のとおりです（民保13①）。

① 　被保全権利が存在していること。

② 　保全の必要性があること。

　上記①・②の要件は疎明する必要があります（民保13②）。

　疎明とは、裁判官にある事実の存在につき一応確からしいという心証を抱かせることです。

　仮差押命令においては、㋐被保全権利は金銭の支払を目的とする債権であり、㋑保全の必要性は、強制執行をすることができなくなるおそれがあるとき、又は強制執行をするのに著しい困難を生ずるおそれがあるときです（民保20①）。

　本ケースでは、請負契約に基づく請負代金債権が存在すること及びYがA建物を売却しようとしていることなどを疎明する必要があります。

2　仮差押命令の申立てから仮差押登記までの流れ

（1）　申立て

不動産仮差押命令申立書を管轄裁判所に提出します（民保規１一）。

（2）　債権者面談

東京地裁等では、原則として裁判官による債権者との面談が行われます。

（3）　担保決定の告知

裁判官が保全命令の発令が相当と判断した場合、担保決定（民保４①・

14①）をするのが通例です。その旨を債権者に告知をします。

↓

（4）　担保の提供

　担保決定の内容に従って担保を提供します。金銭であれば供託所に供託し、支払委託による方法であれば、銀行などと契約（ボンド契約）をします。

↓

（5）　保全執行

　仮差押えによる場合は、仮差押えの発令裁判所が保全執行裁判所となります（民保47②）。担保を提供したことを証する書面（供託書正本など）、当事者目録、請求債権目録、物件目録、登録免許税（課税標準は被保全債権の額、税率は1000分の4（登税別表1－（五）））の納付書又は収入印紙を当該保全執行裁判所に提出します。保全執行裁判所の書記官は、仮差押登記を管轄法務局の登記官に嘱託します（民保47③）。これを受けて登記官は、表題登記及び所有権保存登記を職権で登記（不登76②③・75）をした上で、仮差押えの登記をします。

　なお、強制管理の方法による場合は、不動産の所在地を管轄する地方裁判所が保全執行裁判所になり、仮差押命令の発令から2週間以内（民保43②）に、当該保全執行裁判所に強制管理申立書を提出します。

3　仮差押命令の申立方法

（1）　管轄裁判所

ア　本案の裁判所（民保12①）

　本案（本ケースでは請負代金請求訴訟）が係属していない場合は、本案の訴えの提起があれば、管轄裁判所となるべき第一審の裁判所です（民保12③）。本ケースでは、普通裁判籍（民訴4）であるYの住所地の管轄裁判所や特別裁判籍（民訴5一）である株式会社Xの住所地の第一審の管轄裁判所が該当します。事物管轄の適用があるので、本案の

ケース編　第4章　仮差押え・仮処分に関する登記　　205

訴訟物の価額が140万円以下であれば、簡易裁判所が管轄の裁判所になります（裁所33①一）。

　本案が係属している場合、係属中の裁判所が第一審であれば、その第一審の裁判所が、控訴審であれば、控訴審の裁判所（実務では、事件記録がまだ第一審にある場合は、第一審の裁判所も申立てを受け付けます。）が管轄の裁判所になります。上告審であれば、かつての第一審の裁判所が管轄の裁判所になります。

　　イ　係争物の所在地の裁判所（民保12①）

　A建物の所在地の管轄裁判所になります。

（2）　申立ての手数料

　申立手数料は1件2,000円です（民訴費別表1⑪の2）。その他、郵便切手を予納します。

（3）　添付書面

　　ア　疎明資料

　疎明方法として、被保全債権の存在及び保全の必要性を疎明する書面の写しを甲号証として添付します。裁判官との面談の際に書面の原本の提示が求められる可能性があるので、忘れないように持っていきましょう。

　　イ　資格証明書

　当事者が登記された法人である場合は、法務局で登記事項全部証明書を取得して添付します。登記されない法人の場合、例えば地縁による団体の場合は、市町村で証明書の交付を受けます。権利能力なき社団の場合は、規約や代表者を選任した議事録などを添付します。

　　ウ　委任状

　訴訟代理人が申立てをする場合は、当該保全事件又は本案事件の訴訟委任状を添付します。訴訟代理人は原則として弁護士である必要があります。保全裁判所が簡易裁判所である場合において、被保全権利

が140万円以下であれば、司法書士法3条2項の法務大臣の認定を受けた司法書士も代理人になれます。

　　エ　不動産が債務者の所有に属することを証する書面

　既登記不動産であれば、法務局発行の不動産登記事項証明書を添付します。不動産が未登記又は既登記でも登記名義人等が債務者と相違する場合は、当該不動産が債務者の所有に属することを証する書面の添付が必要です。

　　オ　不動産の価額を証する書面

　発令する年度の固定資産評価証明書を添付します。保全債権者であれば、市町村（東京都23区は都税事務所）で交付請求をすることができます。

4　未登記不動産が債務者の所有に属することを証する書面

　未登記不動産が債務者の所有に属することを「疎明」では足りないと解されます。法文上、「証する」となっていること（民保規20一ロ（1））、真の所有者の権利保障が無視できないからです。

　証する書面としては、建築確認通知書等が考えられますが、債務者と赤の他人である債権者がそのような書面を入手することはなかなか困難です。本ケースでは、債権者は増築工事の請負人なので、工事の必要性から新築時や増築時の建築確認通知書等を債務者から入手しているものと思われますので、建築主が債務者となっていれば、有用な証拠資料となるでしょう。

　ところで未登記不動産であっても、固定資産課税台帳に登録されているケースは少なくありません。固定資産課税台帳の写し（又は固定資産課税台帳記載事項証明書（いわゆる名寄帳））を入手し、その所有者が債務者となっていれば、それも有用な資料になります。ところが、固定資産評価証明書と違って、保全債権者が固定資産課税台帳の写しを取得する手立てがありません。もっとも、自治体によっては固定資

ケース編　第4章　仮差押え・仮処分に関する登記　207

産評価証明書に所有者の住所氏名が記載されていることもありますので、附属書類が証拠書類になる場合もあります。

5　図面等

図面は、日本産業規格B列4番の丈夫な用紙を用いて、0.2mm以下の細線により図形を鮮明に表示して作成します（不登規74）。

（1）　未登記の土地の場合

不動産登記令2条2号に規定する土地所在図及び同条3号に規定する地積測量図を添付します（不登令別表㉛添付情報欄ロ）。

土地所在図には、方位、縮尺、土地の形状及び隣地の地番を記録しなければなりません（不登規76）。また、地積測量図には、地番区域の名称、方位、縮尺、地番（隣接地の地番を含みます。）、地積及びその求積方法等を記録しなければなりません（不登規77）。

（2）　未登記の建物の場合

不動産登記令2条5号に規定する建物図面及び同条6号に規定する各階平面図を添付します（不登令別表㉜添付情報欄ロ）。

建物図面は、建物の敷地並びにその1階（区分建物にあっては、その地上の最低階）の位置及び形状を明確にし、方位、縮尺、敷地の地番及びその形状、隣接地の地番並びに附属建物があるときは主である建物又は附属建物の別及び附属建物の符号を記録しなければなりません（不登規82）。

また、各階平面図には、縮尺、各階の別、各階の平面の形状、1階の位置、各階ごとの建物の周囲の長さ、床面積及びその求積方法並びに附属建物があるときは主である建物又は附属建物の別及び附属建物の符号を記録しなければなりません（不登規83）。

（3）　未登記の区分建物の場合

上記（2）の図面の他に、次の情報を証する書面を添付する必要があります。

208 　ケース編　第4章　仮差押え・仮処分に関する登記

① 　敷地権のない区分建物であれば、土地の所有権等が敷地権とならないことの事由を証する情報に係る書面（例えば分離可能規約）を添付します（不登令別表㉜添付情報欄ハ）。
② 　敷地権のある区分建物の場合は、規約敷地の定めや、敷地権の割合を規約で定めた場合は、当該規約を添付します（不登令別表㉜添付情報欄ニ）。

書　式

○不動産仮差押命令申立書

不動産仮差押命令申立書

令和○年○月○日
○○地方裁判所御中

　　　　　　　　　　　　　　債権者代理人弁護士　　○○○○
当事者の表示　　別紙当事者目録記載のとおり
請求債権の表示　　別紙請求債権目録記載のとおり

申立ての趣旨
　債権者の債務者に対する上記請求債権の執行を保全するため、債務者所有の別紙物件目録記載の不動産は、仮に差し押さえる。
　との裁判を求める。

申立ての理由
第1　被保全権利
　1　請負契約
　　　債権者は、建築業を営んでいる株式会社であるが、債務者と以下のとおり増築工事請負契約を締結した（甲1）。
　　　請　負　日　令和○年○月○日

　　　　請負金額　金〇〇〇万円
　　　〔略〕
第２　保全の必要性
　１　令和〇年〇月〇日に工事が完了したにもかかわらず、債権者は、
　　債務者から、請負代金の支払を受けておらず、〔略〕
　２　債務者は、不動産会社に当該建物を含む不動産の売却の仲介契
　　約を結んでおり（甲２）、〔略〕
第３　別紙物件目録記載の建物が債務者に属すること
　　別紙物件目録記載の建物につき、令和〇年〇月〇日に建築確認がさ
　れているが、建築主は債務者であり（甲５）、〔略〕
　　　　　　　　　　　疎　明　方　法
甲１号証　請負代金契約書
甲２号証　工事完了報告書
甲３号証　不動産の広告チラシ
甲４号証　報告書
甲５号証　建築確認通知書
　　　　　　　　　　　添　付　書　類
甲号証　　　　　　　　各１通
固定資産評価証明書　　１通
資格証明書　　　　　　１通
訴訟委任状　　　　　　１通
建物図面及び各階平面図　１通

（別　紙）
　　　　　　　　　　　当事者目録

〒〇〇〇-〇〇〇〇
　〇市〇町１２３番地
　債権者株式会社Ｘ
　代表者代表取締役　〇〇〇〇

〒〇〇〇-〇〇〇〇
　〇市〇町４５６番地　〇〇法律事務所（送達場所）
　　電話番号　〇〇-〇〇〇〇-〇〇〇〇

210　ケース編　第4章　仮差押え・仮処分に関する登記

```
　　FAX番号　○○－○○○○－○○○○
　　債権者代理人弁護士　○○○○

〒○○○－○○○○
　○市○町789番地
　債務者Ｙ
```

```
（別　紙）
　　　　　　　　　　　　請求債権目録

金○○○万円
　ただし、債権者が債務者に対して有する下記工事の請負契約に基づ
く請負残代金債権
　　　　　　　　　　　　　　記
契 約 日　令和○年○月○日
請負代金　金○○○万円
工事期間　令和○年○月○日から令和○年○月○日まで
工事場所　○市○町789番
工事内容　別紙物件目録記載の建物に対する増築工事
```

```
（別　紙）
　　　　　　　　　　　　物件目録

所　　在　○市○町789番地
家屋番号　（未登記）
種　　類　居宅
構　　造　木造ルーフィングぶき2階建
床 面 積　1階　77．44㎡
　　　　　2階　64．79㎡
　　　　　床面積は現況による。
```

ケース編 第4章 仮差押え・仮処分に関する登記 211

○建物図面及び各階平面図

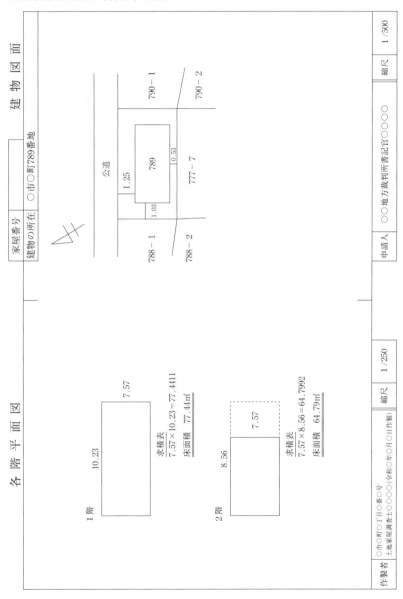

○供託書

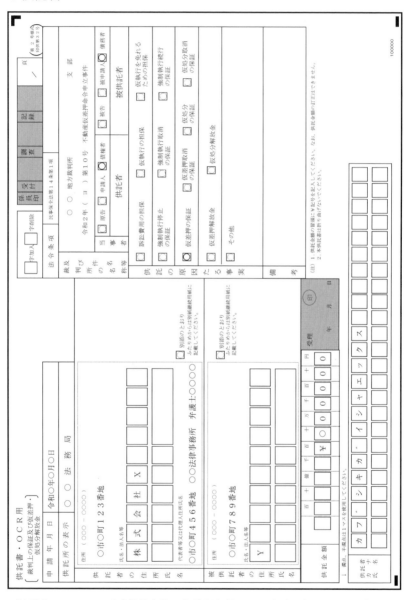

(法務省ホームページ「供託書等の記載例」第4・1(2)を加工して作成)

ケース編 第4章 仮差押え・仮処分に関する登記 213

Case 12 未登記不動産に対する仮処分命令手続を行う場合

　私（X）は、私の所有するA土地を建物所有目的でYに賃貸しました。YはA土地上にB建物を建築しましたが、表題登記はなされていません。Yが地代を滞納したため、Yに対して相当の期間を設けて催告をした上で、土地賃貸借契約を解除し、B建物の収去及びA土地の明渡しを請求しました。しかしながら、Yはこれに応じる気配がないため、民事訴訟を提起することにしましたが、それに先立って仮処分をすることを検討しています。未登記建物でも仮処分ができるのでしょうか。

＜困難要因＞

▶仮処分命令の申立書に未登記不動産が債務者の所有に属することを証する書面の添付が必要であること

▶仮処分命令の申立書に、未登記不動産が土地である場合は、土地所在図及び地積測量図が、建物である場合は、建物図面及び各階平面図の添付が必要であること

対処のポイント

　未登記不動産が債務者の所有に属することを疎明ではなく、証明する必要があります。

　地積測量図や建物図面等の図面は、不動産登記法、不動産登記令、不動産登記規則にのっとって作成する必要があります。

214　　ケース編　第4章　仮差押え・仮処分に関する登記

解　説

1　仮処分とは

　仮処分には係争物に関する仮処分と民事訴訟の本案の権利関係につき仮の地位を定めるための仮処分があります（民保1）。

　不動産をめぐる仮処分は、登記請求権を保全するための仮処分や不動産の明渡しや収去を求める権利を保全するための仮処分のように係争物に関する仮処分が主ですが、建物明渡しの断行仮処分のように仮の地位を定める仮処分がないわけではありません。

　本ケースでは、土地について占有移転禁止の仮処分、建物について処分禁止の仮処分の申立てが考えられますが、仮処分の執行に登記が絡む建物についての処分禁止の仮処分について説明します。

2　なぜ仮処分をする必要があるのか

　仮処分の大きな目的は当事者恒定効です。仮処分がなされていない場合、次のような問題が生じます。

　XがYを相手取ってB建物の収去及びA土地の明渡しを求める民事訴訟を提起したところ、提訴後、事実審口頭弁論終結前にB建物がZに譲渡されていたらどうでしょうか。

　仮にXが勝訴の確定判決を得たとしても、債務名義上の債務者はあくまでもYですから、Zに対しては建物収去の強制執行ができなくなってしまいます。

　それゆえXは裁判所に申立てをしてZに引受承継させる必要があります（民訴50①）。もし、口頭弁論が終結し、弁論の再開もなされないのであれば、Zを相手取って別訴を提起せざるを得ません。

　それでは、事実審口頭弁論終結後にB建物がZに譲渡されていた場合はどうでしょうか。Zが民事訴訟法115条1項3号の承継人に当た

り、債務名義である判決正本に承継執行文を付与（民執27②・33①）して
もらえば、Ｚに対しても強制執行が可能です。しかしながら、執行文
付与の申立てに際し、事実審口頭弁論終結後に、ＺがＹよりＢ建物を
承継取得したことを証明する必要があります。また、ＺがＢ建物をＹ
から取得したのではなく、もともと所有権を有すると主張している場
合、そもそも承継人に当たるのかという問題があります。

　以上の問題を回避するためには、仮処分が必要になります。

3　仮処分命令の発令要件

　仮処分命令は民事保全命令の一類型ですが、民事保全命令の発令の
一般的な要件は以下のとおりです（民保13①）。

①　被保全権利が存在していること。

②　保全の必要性があること。

　上記①・②の要件は疎明する必要があります（民保13②）。

　疎明とは、裁判官にある事実の存在につき一応確からしいという心
証を抱かせることです。

　本ケースにおいては、㋐被保全権利は、土地所有権に基づく建物収
去土地明渡請求権であり、㋑保全の必要性は、強制執行をすることが
できなくなるおそれがあるとき、又は強制執行をするのに著しい困難
を生ずるおそれがあるときですので（民保20①）、ＹがＢ建物を第三者
に譲渡するおそれがあることなどを疎明する必要があります。

4　仮処分命令の申立てから仮処分の登記までの流れ

（1）　申立て

不動産仮処分命令申立書を管轄裁判所に提出します（民保規1一）。

　↓

（2） 債権者面談

東京地裁等では、原則として裁判官による債権者との面談が行われます。

↓

（3） 担保決定の告知

裁判官が保全命令の発令が相当と判断した場合、担保決定をするのが通例です。その旨を債権者に告知をします。

↓

（4） 担保の提供

担保提供期間内に担保の提供をします。金銭であれば供託所に供託し、支払委託による方法であれば、銀行などと契約をします。

↓

（5） 保全執行

仮処分の発令裁判所が保全執行裁判所となります。担保を提供したことを証する書面（供託書正本など）、当事者目録、物件目録、登録免許税（課税標準は建物の評価額（1,000円未満切り捨て）、税率は1000分の4（登税別表1－（五）））の納付書又は収入印紙を当該保全執行裁判所に提出します。保全執行裁判所の書記官は、仮処分登記を管轄法務局の登記官に嘱託します。これを受けて登記官は、表題登記及び所有権保存登記を職権で登記をした上で、仮処分の登記をします。

5　仮処分命令の申立方法

（1） 管轄裁判所

ア　本案の裁判所

本案（本ケースでは建物収去土地明渡請求訴訟）が係属していない場合は、本案の訴えの提起があれば、管轄裁判所となるべき第一審の裁判所です。本ケースでは、普通裁判籍であるＹの住所地の管轄裁判

所や特別裁判籍であるＸの住所地の第一審の管轄裁判所が該当します。事物管轄の適用があるので、本案の訴訟物の価額が140万円以下であれば、簡易裁判所が管轄の裁判所になります（裁所33①一）。

本案が係属している場合、係属中の裁判所が第一審であれば、その第一審の裁判所が、控訴審であれば、控訴審の裁判所（実務では、事件記録がまだ第一審にある場合は、第一審の裁判所も申立てを受け付けます。）が管轄の裁判所になります。上告審であれば、かつての第一審の裁判所が管轄の裁判所になります。

　イ　係争物の所在地の裁判所

Ｂ建物の所在地の管轄裁判所になります。

（2）　申立ての手数料

申立手数料は1件2,000円です（民訴費別表1⑪の2）。

（3）　添付書面

　ア　疎明資料

疎明方法として、被保全債権の存在及び保全の必要性を疎明する書面の写しを甲号証として添付します。裁判官との面談の際に書面の原本の提示が求められる可能性があるので、忘れないように持っていきましょう。

　イ　資格証明書

当事者が登記された法人である場合は、法務局で登記事項全部証明書を取得して添付します。登記されない法人の場合、例えば地縁による団体の場合は、市町村で証明書の交付を受けます。権利能力なき社団の場合は、規約や代表者を選任した議事録などを添付します。

　ウ　委任状

訴訟代理人が申立てをする場合は、当該保全事件又は本案事件の訴訟委任状を添付します。訴訟代理人は原則として弁護士である必要があります。保全裁判所が簡易裁判所である場合において、被保全権利が140万円以下であれば、司法書士法3条2項の法務大臣の認定を受

けた司法書士も代理人になれます。

エ 不動産が債務者の所有に属することを証する書面

既登記不動産であれば、法務局発行の不動産登記事項証明書を添付します。不動産が未登記又は既登記でも登記名義人等が債務者と相違する場合は、当該不動産が債務者の所有に属することを証する書面の添付が必要です。

オ 不動産の価額を証する書面

発令する年度の固定資産評価証明書を添付します。保全債権者であれば、市町村（東京都23区は都税事務所）で交付請求をすることができます。

6 未登記不動産が債務者の所有に属することを証する書面

未登記不動産が債務者の所有に属することを「証する」書面（民保規20一ロ(1)）であること、真の所有者の保護の観点から、疎明では足りないと考えられます。民事訴訟における証明と同様とまではいかないとしても、表題登記における所有権証明書と同様の書面の添付は必要と思われます。

とはいうものの、債務者と赤の他人である債権者がそのような書面を入手することはなかなか困難です。未登記不動産であっても、固定資産課税台帳に登録されているケースは少なくありません。固定資産課税台帳の写し（又は、いわゆる名寄帳）を入手できれば、それも有用な資料になります。ところが、固定資産評価証明書と違って、保全債権者が固定資産課税台帳の写しを取得する手立てがありません。もっとも、自治体によっては固定資産評価証明書に所有者の住所氏名が記載されている場合もあります。

ケース編　第4章　仮差押え・仮処分に関する登記　219

7　図面等

（1）　未登記の土地の場合

不動産登記令2条2号に規定する土地所在図及び同条3号に規定する地積測量図を添付する必要があります（不登令別表㉛添付情報欄ロ）。土地所在図には、方位、縮尺、土地の形状及び隣地の地番を記録しなければなりません（不登規76）。また、地積測量図には、地番区域の名称、方位、縮尺、地番（隣接地の地番を含みます。）、地積及びその求積方法等を記録しなければなりません（不登規77）。

（2）　未登記の建物の場合

不動産登記令2条5号に規定する建物図面及び同条6号に規定する各階平面図を添付する必要があります（不登令別表㉜添付情報欄ロ）。建物図面は、建物の敷地並びにその1階（区分建物にあっては、その地上の最低階）の位置及び形状を明確にし、方位、縮尺、敷地の地番及びその形状、隣接地の地番並びに附属建物があるときは主である建物又は附属建物の別及び附属建物の符号を記録しなければなりません（不登規82）。また、各階平面図には、縮尺、各階の別、各階の平面の形状、1階の位置、各階ごとの建物の周囲の長さ、床面積及びその求積方法並びに附属建物があるときは主である建物又は附属建物の別及び附属建物の符号を記録しなければなりません（不登規83）。

（3）　登記の区分建物の場合

上記（2）の図面の他に、次の情報を証する書面を添付する必要があります。

① 　敷地権のない区分建物であれば、土地の所有権等が敷地権とならないことの事由を証する情報に係る書面（例えば分離可能規約）を添付します（不登令別表㉜添付情報欄ハ）。

② 　敷地権のある区分建物の場合は、規約敷地の定めや、敷地権の割合を規約で定めた場合は、当該規約の添付が必要です（不登令別表㉜添付情報欄ニ）。

220 　ケース編　第4章　仮差押え・仮処分に関する登記

書　式

○不動産仮処分命令申立書

不動産仮処分命令申立書

令和○年○月○日
○○地方裁判所　御中

　　　　　　　　　　　債権者代理人弁護士　　○○○○
当事者の表示　別紙当事者目録記載のとおり
仮処分により保全すべき権利　建物収去土地明渡請求権

申立ての趣旨
　債務者は、別紙物件目録記載の建物について、譲渡並びに質権、抵
当権及び賃借権の設定その他一切の処分をしてはならない。
　との裁判を求める。

申立ての理由
第1　被保全権利
　1　債権者の土地所有権
　　　債権者は、下記土地（本件土地）の所有者である（甲1）。
記
　　　所在　○市○町
　　　地番　789番
　　　地目　宅地
　　　地積　○○○.○○㎡
　2　賃貸借契約の成立等
　（1）　債権者は、令和○年○月○日本件土地を建物所有目的で債
　　　　務者に下記内容で賃貸した（甲2）。
記
　　　　地代　年○○円
　　　〔略〕

ケース編　第4章　仮差押え・仮処分に関する登記　　221

（2）　債務者は、本件土地上に別紙物件目録記載の建物（本件建物）を所有し、居住している（甲3、甲4）。

（3）　Yが令和○年分以降の地代を滞納したため、令和○年○月○日までに延滞賃料を支払わないときは本件賃貸借契約を解除する旨の意思表示をし、令和○年○月○日、その意思表示がYに到達した（甲5の1、甲5の2）。

第2　保全の必要性

1　債権者は、債務者に対し、建物収去土地明渡請求訴訟を御庁に提起すべく準備中である。

2　しかるに、債務者は本件建物を売却するため、不動産業者にその旨の仲介を依頼する等不審な行動をとっている。このため、債務者は本件建物を処分するおそれは大きい（甲6）。

上記のおそれが現実化すると、債権者が勝訴判決を得てもその執行が不能又は著しく困難になるので、本件建物収去土地明渡請求権を保全するため本申立てに及ぶ次第である。

疎　明　方　法

甲1号証	土地登記事項証明書
甲2号証	土地賃貸借契約書
甲3号証	報告書
甲4号証	固定資産評価証明書
甲5の1号証	内容証明郵便
甲5の2号証	配達証明
甲6号証	建物の売却広告チラシ

添　付　書　類

甲号証	各1通
固定資産評価証明書	1通
訴訟委任状	1通
建物図面及び各階平面図	1通

（別　紙）

当事者目録

〒○○○－○○○○
　○市○町１２３番地
　債権者Ｘ

〒○○○－○○○○
　○市○町４５６番地　○○法律事務所（送達場所）
　　電話番号　○○－○○○○－○○○○
　　ＦＡＸ番号　○○－○○○○－○○○○
　債権者代理人弁護士　○○○○

〒○○○－○○○○
　○市○町７８９番地
　債務者Ｙ

（別　紙）

物件目録

所　　在　○市○町７８９番地
家屋番号　　（未登記）
種　　類　居宅
構　　造　木造ルーフィングぶき２階建
床面積　１階　○．○○㎡
　　　　２階　○．○○㎡
　　　　床面積は現況による。

ケース編　第4章　仮差押え・仮処分に関する登記　223

○供託書

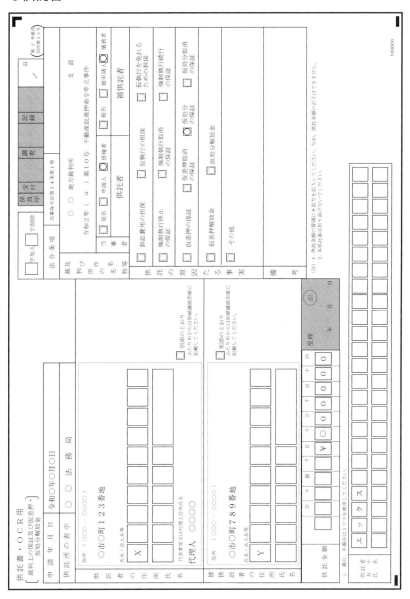

（法務省ホームページ「供託書等の記載例」第4・1（2）を加工して作成）

224 ケース編 第4章 仮差押え・仮処分に関する登記

【登記記録例】

表題部（主である建物の表示）	調製	令和○年○月○日		不動産番号	1234567890123
所在図番号	余　白				
所　　在	○市○町789番地		余　白		
家屋番号	789番		余　白		
①　種　類	②　構　造	③　床　面　積		原因及びその日付〔登記の日付〕	
居宅	木造ルーフィングぶき2階建	1階　○　○○㎡ 2階　○　○○㎡		処分禁止仮処分の登記をするため〔令和○年○月○日〕	

権利部（甲区）　　（所有権に関する事項）			
順位番号	登記の目的	受付年月日・受付番号	権利者その他の事項
1	所有権保存	余　白	所有者　○市○町789番地　Y
	余　白	余　白	処分禁止仮処分の登記をするため
2	処分禁止仮処分（建物収去請求権保全）	令和○年○月○日第○○○号	原因　令和○年○月○日○○地方裁判所仮処分命令 債権者　○市○町123番地　X

ケース編 第5章 その他 225

第5章 その他

Case13 登記簿と現在の住所がつながらない場合の住所変更登記を代位で嘱託する場合

　X市は、Yの所有するA土地を買収しました。A土地の所有権登記名義人であるYの住所が甲市になっていますが、Yの現住所は乙市になっています。そこで、代位により所有権登記名義人住所変更登記を嘱託する予定で、公用請求でYの住民票の写し、戸籍の附票の写し等の取得を試みましたが、保管期限経過のためYが甲市に住所を定めていたことを証明できません。取得できた住民票の写しなどを補完する書面として、どのようなものがありますか。

＜困難要因＞
- ▶どのような書面で補完すればよいか登記官の裁量によるところが多く、一様ではないこと
- ▶補完すべき書面の中には被代位者本人以外の者が取得することが困難であるものがあること

対処のポイント

　一般的には消極的証明と積極的証明の機能を有する書面を用意します。
　あらかじめ、本人から当該書面を預かるか、当該書面を取得するための委任状をもらうべきでしょう。

解 説

1 登記原因証明情報

所有権登記名義人住所（氏名・名称）変更（更正）登記の登記原因証明情報として、当該登記名義人の氏名若しくは名称又は住所について変更又は錯誤若しくは遺漏があったことを証する市町村長、登記官その他の公務員が職務上作成した情報（公務員が職務上作成した情報がない場合にあっては、これに代わるべき情報）の添付が必要になります（不登令7・別表㉓）。

市町村長、登記官その他の公務員が職務上作成した情報としては、住民票（住民票の除票）の写し、戸籍の附票（改製原戸籍の附票）の写し、会社や法人の履歴事項（閉鎖事項）全部（一部）証明書、在留証明書などが挙げられます。公務員が職務上作成した情報がない場合にあっては、これに代わるべき情報としては、例えば、中国に在住している中国人の住所等を証明する公証処が発行する公証書が挙げられます。

2 住民票の除票などの保管期間

住民基本台帳法の一部改正（令和元年6月20日施行）により、住民票の除票及び戸籍の附票の除票の保存期間が5年から150年に延長されました。しかし、令和元年6月20日より前に、5年の保管期間の経過により、交付してもらうことができず、登記簿上の住所から現在の住所のつながりを証する書面が満足に添付できないことがあります。

3 対処法

（1） とりあえず交付請求する

住民票の除票や戸籍の附票の除票の保存期間が経過していると思わ

れる場合でも、交付請求します。市町村によりますが、保管期間が経過していても、実際に廃棄するまでは証明書を発行してくれる場合が多いからです。特に紙ではなく、電磁的記録の場合、物理的な保管スペースの問題がないので、記録自体を消除していないことが多く、発行してもらえる可能性が高いです。

　登記名義人の住所と所有権登記名義人住所変更登記の申請人（代位登記の場合は被代位者）の現在又は過去の本籍地が一致している場合、登記官は同一人物と判断してくれる場合があるので（住所地と本籍地は別の概念なので、厳密に考えると疑問はありますが）、戸籍（改製原戸籍、除籍）謄本も有用な書面になります。

（2）　消極的証明

　それでも住所がつながらない場合、どのような書面を添付して補完すべきかについては、登記官ごとの判断によるところが大きく、ローカルルール的な側面があります。一般的には、消極的証明の役割をする書面と積極的証明の役割をする書面の添付が要求されます。

　消極的証明とは、申請人（被代位者）以外の者が登記名義人である可能性がないことを証明することです。

　そこで、まず不在住証明書を取得します。すなわち住民票及び住民票の除票に登記名義人と同じ住所氏名の者の記録がないことを証明するものです。さらに、前述のように本籍地と住所が一致していれば同一人物として取り扱われる関係上、不在籍証明書の添付も要求されることがあります。すなわち、登記名義人の住所と同じ本籍に登記名義人と氏名を同じくする者が、戸籍簿、改製原戸籍簿、除籍簿に記録されていないことを証する書面です。

　不在住証明書や不在籍証明書は住民基本台帳法や戸籍法を根拠とする証明書ではなく、あくまで行政証明の位置づけなので、これらの証明書を発行していない市町村もあります。

平成29年3月23日民二175号は、相続登記における登記名義人と被相続人の同一性の証明に関するものではありますが、住所変更登記の場合と取扱いを異にする理論的根拠はないと思われますので、登記済証が添付できるのであれば、不在住証明書や不在籍証明書の添付は不要でしょう。

また、令和5年12月18日民二1620号は、これも被相続人の同一性の証明に関するものですが、これを登記名義人の住所等変更登記申請に敷衍すれば、登記名義人の住民票の写し又は戸籍の附票の写し、固定資産税の納税証明書又は評価証明書並びに不在籍証明書及び不在住証明書を提供し、登記記録上の不動産の表示及び登記名義人の氏名が納税証明書等に記載された不動産の表示及び納税義務者の氏名と一致し、納税証明書等に記載された納税義務者の住所及び氏名が住民票の写し等に記載された登記名義人の住所及び氏名と一致するものであれば、申請人の上申書の提供までは要しないと思われます。

いずれの通達も、被相続人の同一性に関するものであって、登記名義人の住所等の変更登記には射程は及ばないと解する登記官もいると思われますので、事前に管轄法務局に相談票を送り、登記官と協議すべきでしょう。

（3）積極的証明

積極的証明は、申請人（被代位者）と登記名義人の同一性を証明することです。登記名義人が登記を受けたときに交付された登記済証や固定資産税納税通知書を添付することによって証明します。そのまま原本を添付すると返却してもらえなくなってしまいますので、原本の謄本（原本をコピーするのが簡便です。）に原本に相違ない旨を記載したものも添付し、原本還付してもらいます。

登記済証ではなく登記識別情報通知の場合は、少し複雑です。不動産登記法22条により登記識別情報を提供する場合、書面申請の場合は、

登記識別情報（12桁の英数字）部分が見えるように登記識別情報通知をコピーし（登記済証と違って、登記識別情報通知という書面の添付が要求されるのではなく、登記識別情報を記載した書面を添付するので、登記識別情報を手書きした書面でもよいです。）、それを封筒に封入して添付します（不登規66①二・②）。

　一方、住所変更登記の場合は、登記識別情報通知という書面が登記原因証明情報の一部になるので、原本還付として原本とその写しを添付します。ただし、登記識別情報（12桁の英数字）の部分は隠して、写しを取ります。前述の登記識別情報を記載した書面を添付する場合、登記官は照合した後に、その書面は廃棄するのですが（不登規69①）、住所変更登記の場合は、あくまで登記原因証明情報の一部として添付するので、廃棄するわけにはいかないからです。

　オンライン申請の場合は、書面申請と同様に特例方式として登記識別情報通知の原本とコピーを提出する方法もありますが、登記識別情報を登記識別情報提供様式のファイルにして添付する方法（不登規66①一）があります。

　登記済証（登記識別情報通知）や納税通知書がない場合は、先の通達に準拠すれば固定資産税の納税証明書又は評価証明書ということになるでしょうが、必ずしも固定資産課税台帳記載事項証明書（いわゆる名寄帳）を排除する趣旨とはいえないので、許容されると考えられますが、これも登記官に相談すべきでしょう。その他、申請人（被代位者）の印鑑証明書付きの上申書を添付するケースもありますが、あくまで自己証明にすぎないので、なるべく他の書面を取得しましょう。

4　書面入手の困難性について

　登記済証（登記識別情報通知）や納税通知書は本人から預かるしかありません。特に登記済証（登記識別情報通知）は再発行ができませ

んから、官公署の職員が登記済証を預かるのは負担が大きいと思います。

　固定資産課税台帳記載事項証明書（名寄帳）を取得するには、各市町村の固定資産税課（東京23区内は都税事務所）に交付請求をしますが、住民票の写しのように公用請求できる法的根拠はありません。したがって、本人に取得してもらうか、取得のための委任状を本人からもらっておく必要があります。

　司法書士の世界では、「たかが名変（登記名義人住所氏名変更登記の略）、されど名変」という言葉があるくらい、住所等の変更登記の奥深さ、難しさを身にしみています。また、登記済証を預かるのは司法書士にとって日常的業務ですから、司法書士である社員で構成されている公共嘱託登記司法書士協会に登記業務を委託することをお勧めします。

不動産登記の困難要因と実務対応
―未登記不動産、所有者不明土地、
　相続人不存在・不明土地等―

令和7年1月6日　初版発行

編　著　山　田　猛　司

発行者　河　合　誠　一　郎

発　行　所　新日本法規出版株式会社

本　　　社
総　轄　本　部　（460-8455）　名古屋市中区栄1－23－20

東　京　本　社　（162-8407）　東京都新宿区市谷砂土原町2－6

支社・営業所　札幌・仙台・関東・東京・名古屋・大阪・高松
　　　　　　　広島・福岡

ホームページ　https://www.sn-hoki.co.jp/

【お問い合わせ窓口】
　新日本法規出版コンタクトセンター
　📞 0120-089-339（通話料無料）
　　●受付時間／9：00～16：30（土日・祝日を除く）

※本書の無断転載・複製は、著作権法上の例外を除き禁じられています。
※落丁・乱丁本はお取替えします。　　　　ISBN978-4-7882-9460-8
5100349　不登困難要因　　　　　　　Ⓒ山田猛司 2025 Printed in Japan